高速公路长大纵坡事故易发路段安全保障技术

张晓冰 常志宏 王 新 等 编著

人民交通出版社股份有限公司

北 京

内 容 提 要

本书针对高速公路长大纵坡事故易发路段所面临的安全问题，结合国内外相关成熟的研究成果与实践经验，对长大纵坡事故易发路段的安全处置措施进行了较为全面系统的介绍。主要内容包括长大纵坡事故易发路段事故特征与原因分析、交通服务设施与管理措施、交通标志设置研究、交通标线设置研究、护栏及其附属设施设置研究、避险车道设置研究及长大纵坡事故易发路段安全保障措施应用案例等。

本书丰富了高速公路长大纵坡事故易发路段的安全保障技术方法，可供公路设计、管理及科研等部门的工程技术人员参考，也可作为高等院校交通工程等相关专业师生参考用书。

图书在版编目（CIP）数据

高速公路长大纵坡事故易发路段安全保障技术／张晓冰等编著. —北京：人民交通出版社股份有限公司，2022.12

ISBN 978-7-114-18418-5

Ⅰ.①高… Ⅱ.①张… Ⅲ.①高速公路—纵坡—交通运输管理—安全管理 Ⅳ.①U412.36

中国版本图书馆 CIP 数据核字（2022）第 258211 号

Gaosu Gonglu Changda Zongpo Shigu Yifa Luduan Anquan Baozhang Jishu

书　名：	高速公路长大纵坡事故易发路段安全保障技术
著　作　者：	张晓冰　常志宏　王　新　等
责 任 编 辑：	张江成　李　娜
责 任 校 对：	赵媛媛　魏佳宁
责 任 印 制：	张　凯
出 版 发 行：	人民交通出版社股份有限公司
地　　　址：	(100011)北京市朝阳区安定门外外馆斜街 3 号
网　　　址：	http://www.ccpcl.com.cn
销 售 电 话：	(010)59757973
总 经 销：	人民交通出版社股份有限公司发行部
经　　　销：	各地新华书店
印　　　刷：	北京印匠彩色印刷有限公司
开　　　本：	787×1092　1/16
印　　　张：	11.25
字　　　数：	262 千
版　　　次：	2022 年 12 月　第 1 版
印　　　次：	2022 年 12 月　第 1 次印刷
书　　　号：	ISBN 978-7-114-18418-5
定　　　价：	58.00 元

(有印刷、装订质量问题的图书，由本公司负责调换)

本书编委会

主　　编：张晓冰　常志宏　王　新
副 主 编：王　昊　崔　建　郭　洪
参　　编：朱振祥　邓　宝　王　琳　亢寒晶　刘　航
　　　　　龚　帅　刘明友　杨福宇　张国新　刘思源
　　　　　宋　浩　马　晴　李　宁　李昌辉　胡学成
　　　　　张军华　段美栋　龚趁心　李　勇　许思思
　　　　　庞学冬　李　彬　宋士平　谢于刚　尉　超
　　　　　韩延全　宋玉华　卢旭东　闫新亭　贾　敬
　　　　　陈凤鸣　王　刚　闫　晨　马　利　纪延安
　　　　　冯洪波　马先坤　孙建华　刘召生　张　辉
　　　　　殷繁文　蒋　洁　庞　静　李　浩　马银强
　　　　　梁美君　郑　妍　刘彦涛　季永波　杨　杰
　　　　　韩道君　黄　鹂　杨永奇　庞世华　朱　郑
　　　　　赵　凯　王　冻　王　亮　潘　涛　刘　鑫
　　　　　杨照兴　孙岩平　张　伟　宋亮亮　耿雪飞
审　　定：周荣贵　陈冠雄　闫书明

前　言

我国属于发展中国家,面对庞大的人口基数和辽阔的地域环境,为了缩短各地间距离、密切各地间关系、拉动各地间经济,国家投入大量的人力、物力、财力积极开展公路交通基础设施建设,截至2021年底高速公路通车总里程已达到16.91万km,位居世界首位。在高速公路路网建设不断完善的同时,交通安全问题却日渐严峻,长陡下坡路段发生交通事故时后果尤为严重,已成为重点整治对象,受到国家相关部门的高度重视。

为了改善长大纵坡事故易发路段的交通安全状况,优化路线线形设计无疑是最有效的保障办法,但优化路线线形设计往往需要耗费大量资金,建设成本难以估计,且对于运营期的已建高速公路更是难上加难。因此,本书以不优化路线线形为前提,通过采取安全处置措施来提高长大纵坡事故易发路段的安全水平。

通过多年的研究与实践,发现交通管理措施和工程技术措施的综合应用可以有效提高高速公路长大纵坡事故易发路段的交通安全水平。然而,因长大纵坡事故易发路段可采用的安全处置措施种类较为多样,相关研究工作又普遍具有局限性,着重于避险车道、减速护栏等被动防护设施的应用,使得在主动预防和被动防护的综合处置措施应用方面缺乏系统性指导。为了更好地保障高速公路长大纵坡事故易发路段的运营安全,山东高速股份有限公司和北京华路安交通科技有限公司联合展开了技术攻关,为全国高速公路长大纵坡事故易发路段的安全处置措施合理应用提供支撑,且有利于服务国家重大交通项目,保障经济社会的健康发展和人民群众的出行安全。

本书是在总结国内外高速公路长大纵坡事故易发路段安全保障技术相关研究成果与实践经验的基础上,立足我国国情编写的。本书阐述长大纵坡事故易发路段的安全问题,以及对应的安全保障技术手段,可服务于公路设计、管理及科研等工程技术人员,为保障长大纵坡事故易发路段的运营安全提供一定的技术参考。

本书共分8章,较为系统地介绍了高速公路长大纵坡事故易发路段安全保障技术的合理应用方法,切实满足实际工程的使用需求。第1章介绍了我国高速公路发展趋势及安全现状,长大纵坡事故易发路段的安全现状、界定标准,以及安全处置措施;第2章介绍了长大纵坡事故易发路段的事故特征,包括事故多发位置、时间、车型及事故形态,进一步明确了该路段的事故原因;第3章介绍了长大纵坡事故易发路段的交通服务设施与管理措施,提出了相应的实施意见与建议;第4章介绍了交通标志的作用与分类,并有针对性地给出长大纵坡事故易发路段交通标志的设置原则与设置方法;第5章介绍了交通标线的作用与分类,并有针对性地给出长大纵坡事故易发路段交通标线的设置原则与设置方法;第6章介绍了长大纵坡事故易发路段护栏的防护等级选取、结构形式选取及消能减速护栏,并给出该路段防眩设施和轮廓标的设置原则、设施类型及基本构造等要求;第7章介绍了长大纵坡事故易发路段避险车道的设置情况,包括避险车道类型、设置影响因素与原则、设置位置的确定、基本结构设计、集料选取、救援与养护等内容;第8章介绍了长大纵坡事故易发路段安全保障措施应用案例,以切实地指导实际工程安全合理应用。

  由于本书编著者水平有限,书中疏漏与不当之处在所难免,恳请读者和专家予以指正。

编著者

2022 年 3 月

目 录

第1章 绪论 ··· 1
  1.1 我国高速公路发展趋势 ··· 1
  1.2 我国高速公路安全现状 ··· 2
  1.3 长大纵坡事故易发路段安全现状 ······································· 4
  1.4 长大纵坡事故易发路段界定标准 ······································· 6
  1.5 长大纵坡事故易发路段安全处置措施 ··································· 7

第2章 长大纵坡事故易发路段事故特征与原因分析 ··························· 9
  2.1 概述 ··· 9
  2.2 事故特征分析 ··· 9
  2.3 事故原因分析 ·· 14

第3章 长大纵坡事故易发路段交通服务设施与管理措施 ······················ 17
  3.1 概述 ·· 17
  3.2 宣传教育与风险提示 ·· 17
  3.3 长大纵坡事故易发路段服务设施 ······································ 20
  3.4 长大纵坡事故易发路段管理措施 ······································ 27

第4章 长大纵坡事故易发路段交通标志设置研究 ···························· 38
  4.1 概述 ·· 38
  4.2 交通标志的作用与分类 ·· 38
  4.3 长大纵坡事故易发路段标志设置 ······································ 46

第5章 长大纵坡事故易发路段交通标线设置研究 ···························· 59
  5.1 概述 ·· 59
  5.2 交通标线的作用与分类 ·· 59
  5.3 长大纵坡事故易发路段交通标线设置 ·································· 71

第6章 长大纵坡事故易发路段护栏及其附属设施设置研究 ···················· 79
  6.1 概述 ·· 79
  6.2 护栏设置研究 ·· 80
  6.3 防眩设施设置研究 ·· 91
  6.4 轮廓标设置 ··· 101

第7章 长大纵坡事故易发路段避险车道设置研究 ········ 109
7.1 概述 ········ 109
7.2 避险车道类型 ········ 110
7.3 避险车道设置影响因素与设置原则 ········ 115
7.4 避险车道设置位置确定方法 ········ 118
7.5 避险车道结构设计 ········ 127
7.6 避险车道制动坡床集料 ········ 142
7.7 避险车道救援 ········ 148
7.8 避险车道养护 ········ 151

第8章 长大纵坡事故易发路段安全保障措施应用案例 ········ 153
8.1 概述 ········ 153
8.2 典型案例 ········ 153

参考文献 ········ 167

第1章 绪 论

1.1 我国高速公路发展趋势

为了推动国民经济快速发展,改善公众交通出行便利程度,国家一直以来都在大力发展公路交通基础设施建设。通过几代交通人数十年的不懈努力,我国公路建设取得了举世瞩目的成就。截至 2021 年底,我国公路通车总里程已达到 528.07 万 km,公路密度为 55.01km/100km^2。公路根据使用任务、功能和适应的交通量分为高速公路、一级公路、二级公路、三级公路、四级公路共五个技术等级。其中,高速公路是专供汽车分方向、分车道行驶,全部控制出入的多车道公路,是速度和效率的代表,作为现代交通的"骄子",在公路建设与运营中占有举足轻重的位置。

我国高速公路酝酿于 20 世纪 70 年代,起步于 80 年代,发展于 90 年代,腾飞于 21 世纪。截至 2021 年底,我国高速公路通车总里程已达到 16.91 万 km,稳居世界首位,形成了四通八达的路网结构,所取得的成就令世界瞩目。

图 1-1 为 1988—2021 年我国高速公路通车里程统计结果。

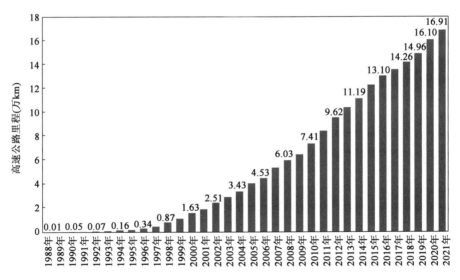

图 1-1 1988—2021 年我国高速公路通车里程统计结果

近年来,我国高速公路路网结构已逐步接近完善,基本覆盖了城镇人口 20 万以上的城市及地级行政中心。为了配合国家西部大开发、京津冀协同发展、长江经济带发展、粤港澳大湾区建设等重大战略,以及"一带一路"倡议的实施,高速公路建设仍具有一定的发展空间,且主要集中在路网密度相对稀疏的中西部地区,但整体增速将有所放缓。

接下来,我国高速公路整体发展将开启从"高增长"转向"高质量"的伟大征程。对于新建高速公路,尤其在地形条件较为复杂及施工难度较高的中西部山区,需要突破技术壁垒打造现代化高质量工程,契合"四个交通"(即综合交通、智慧交通、绿色交通、平安交通)的战略发展目标;对于已建高速公路,"高质量"则主要体现在通过合理技术手段有效解决交通安全方面的问题,提升公路运营安全水平,减少人员伤亡及财产损失,在实现"平安交通"的基础上,进而完备高速公路其他功能。

1.2 我国高速公路安全现状

公路交通系统是人、车、路、环境及管理等要素构成的动态系统,安全则是各要素协调运动达到的系统协调。一直以来,公路交通系统中各要素间时常发生配合失调的情况,严重威胁道路使用者的生命财产安全,且影响公路运营效益,因此,交通安全问题备受关注。

图1-2为1990—2019年我国道路交通事故统计情况,所呈现的交通事故数、死亡人数、受伤人数及直接经济损失四个指标在近30年时间内的变化趋势大体一致,都经历了由低值逐渐上升,增长至最高点,然后开始下降。具体分析来看,1990—1996年间公路建设刚刚起步,虽然技术水平较低,但汽车保有量亦较少,交通安全问题并未凸显;1997—2002年间公路建设快速发展,国民经济水平稳步提升,汽车保有量逐渐增加,交通事故数量大幅攀升,达到历史峰值,安全形势严峻,受到广泛关注;2003年至今国家大力开展交通安全整治工作,陆续完善了公路相关标准规范,丰富了先进科研技术成果,优化了工程配置、基础设施及管理手段,降低了交通事故概率及严重程度,提升了公路运营安全水平。到目前为止,我国道路交通安全状况已经有所改善,但对应指标数据的绝对值依然处于相对较高的水平。以2019年全国道路交通事故统计数据为例,发生交通事故总数为247646起、死亡人数62763、受伤人数256101、直接经济损失134618万元,死亡人数依旧数量庞大,经济损失数额巨大。

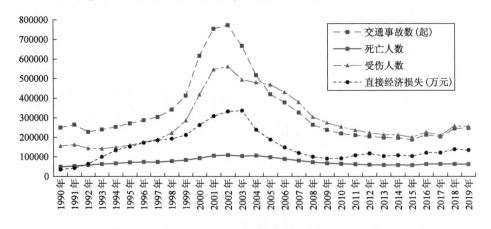

图1-2 1990—2019年我国道路交通事故统计情况

高速公路作为高标准建设、全封闭管理、高效率运营的公路类型,交通事故数量在道路交通事故总数中所占比例相对较低,但高速公路发生严重交通事故的概率却较高(据统计,2013年全国发生较大及以上等级道路运输事故246起,造成1144人死亡、1403人受伤,其中共有62起发生在高速公路上,造成305人死亡、442人受伤,见表1-1),原因是车辆在高速运行条件下,一旦发生事故,后果普遍较为严重。

较大及以上等级道路运输事故分布　　　　表1-1

路段技术等级	较大事故			重大事故			合　计		
	事故数量(起)	死亡人数(人)	受伤人数(人)	事故数量(起)	死亡人数(人)	受伤人数(人)	事故数量(起)	死亡人数(人)	受伤人数(人)
高速公路	56	232	357	6	73	85	62	305	442
一级公路	28	121	120	1	10	28	29	131	148
二级公路	92	364	474	3	43	32	95	407	506
三级公路	24	96	119	3	44	53	27	140	172
四级公路	12	45	52	2	28	42	14	73	94
城市道路	18	78	41	1	10	0	19	88	41
合计	230	936	1163	16	208	240	246	1144	1403

近年来,通过对高速公路交通管理的转型升级与技术水平的优化提升,在解决高速公路交通安全问题方面取得成效。例如,2020年10月召开的全国高速公路交通管理工作会议指出:"全国高速公路交通事故死亡人数同比下降17.2%,一次死亡3人以上事故减少11起"。目前,我国高速公路安全水平与其他国家的差距正在逐年缩减,但高速公路交通事故死亡人数仍旧处于高位,考虑到高速公路通车里程和汽车保有量在不断增长,我国高速公路交通安全形势依旧严峻,不容乐观。

根据已建成的高速公路运营情况来看,长大下坡路段和弯坡组合路段(图1-3)的事故分布数量普遍较多,为事故多发路段,对公路行车安全、通行能力及服务水平等造成严重不良影响。其原因是,在长大下坡路段驾驶员一旦操作不当(长时间制动、空挡滑行或超速行驶),极易发生车辆制动效能下降或制动失灵的情况,进而引发严重交通事故;在弯坡组合路段一旦驾驶员在下坡段(尤其长下坡段或下坡直线段)制动效能下降或制动失灵或超速行驶,行至下坡衔接弯道位置时,极易发生车辆制动不足或制动不及时的情况,进而引发弯道翻车、追尾等事故。

a)长大下坡路段

图 1-3

b)弯坡组合路段

图1-3 高速公路下坡事故易发路段图

本书将长大下坡路段和弯坡组合路段统称为"长大纵坡事故易发路段"。

1.3 长大纵坡事故易发路段安全现状

对于长大纵坡事故易发路段来说,其安全问题很早就得到了相关主管部门的高度重视。例如:2003年公安部和国家安全生产监督管理局公布的29处危险路段中,有16处是长大纵坡路段,占比高达55%;2013年和2014年公安部交通管理局公布的全国交通事故多发、死亡人数集中的十大危险路段中,长大纵坡路段仍占比达到一半以上。同时,连续下坡弯道路段的安全问题同样受到关注。例如某高速公路存在一处连续下坡与弯道组合的路段,其通车以来全线发生重特大交通事故205起,死亡268人,受伤156人,而发生在该弯坡组合路段的事故就有62起,死亡80人,受伤68人,占比1/3左右。由此可见,相比于高速公路的平均事故水平,长大纵坡事故易发路段的交通安全问题格外突出,如图1-4所示。

a)长大下坡路段

b)弯坡组合路段

图1-4 长大纵坡事故易发路段交通事故频发

我国"十三五"以来,按照国务院统一部署,各级交通运输主管部门不断推进公路安全生命防护工程。其中,面对长大纵坡事故易发路段交通安全问题的严峻形势,公路管理者和相关科研工作者积极投入到此项工作中,在保障长大纵坡事故易发路段运营安全方面积累了宝贵经验,亦取得了一定成效。然而,我国幅员辽阔,公路点多、线长、面广,各地交通环境差异较大，长大纵坡事故易发路段的安全问题尚未得到彻底有效解决，从近两年发生的相关交通事故情况来看，恶性交通事故仍然时有发生。

典型事故案例：2018年11月3日19时21分，一辆拉运塔式起重机的辽宁籍半挂载重牵引车沿兰海高速公路由南向北行驶，经过兰临段一处17km长下坡路段时，因驾驶员频繁制动导致车辆制动失灵，行驶至距兰州南收费站50m处，与排队等候缴费通行的31辆车发生连续碰撞，造成15人死亡、44人受伤的重大交通事故，如图1-5所示。此外，据了解，兰海高速公路自2004年开通以来，这段"夺命17公里"长大纵坡事故易发路段就至少造成66人死亡。

图1-5 兰海高速公路长下坡路段半挂车失控收费站前连撞多车事故

《交通运输部关于进一步提升公路安全保障水平的通知》（交公路函〔2018〕764号），要求各地进一步树立安全发展理念，在提高公路安全风险意识的基础上，组织开展连续长陡下坡路段的公路安全风险排查，科学评估，分类处治，合理制订防护设施设置方案，逐步采取处治措施，消除安全风险，为公众提供更加安全的行车环境。为此，全国公安交管部门针对长大纵坡事故易发路段开展了专项排查整治行动，初步排查出不符合现行有关标准、平均纵坡较大且连续坡长超过极限值的长大纵坡事故易发路段1026处，总里程长8852km，其中包括高速公路136处，普通公路890处。这些路段有的坡陡、有的纵坡较长、有的下坡路段存在急弯或连续急弯，不利于安全通行。自开通以来，上述路段已累计发生道路交通事故2.4万余起，造成6400人死亡。同时，公安部对外公布了自开通以来造成事故死亡人数最多的十大长大纵坡事故易发路段，见表1-2。

因此，目前我国高速公路长大纵坡事故易发路段的交通安全现状依然不容乐观，对应的安全工作仍然不容放松，安全保障技术还具有较大的改善空间。

2018 年公安部公布十大纵坡事故易发路段　　　　　　表 1-2

序号	路段名称	路段长度（km）	开通时间（年）	至 2018 年底交通事故数（起）	至 2018 年底死亡人数
1	云南昆明市境内嵩待线省道 K77+800～K66+400 段	11.4	2003	218	279
2	广东韶关市境内 G4 京港澳高速公路北行 K1882～K1858 段	24	2003	173	174
3	甘肃天水市境内 G310 国道天巉公路 K1515～K1528 段	13	2001	76	157
4	云南文山州境内 G80 广昆高速公路 K896～K884 段	12	2007	117	141
5	甘肃平凉市境内 G312 国道罗汉洞坡道 K1698+000～K1704+400 段	6.4	2000	421	126
6	云南玉溪市境内 G8511 昆磨高速公路 K213+400～K240+400 段	27	2003	81	124
7	广东韶关市境内 G4 京港澳高速公路南行 K1882～K1895 段	13	2003	154	113
8	山西吕梁市境内 G20 青银高速公路 K964+300～K934+000 段	30.3	2005	120	112
9	山西临汾市境内 S329 省道 K12+100～K35+000 段	22.9	2010	1295	107
10	广西河池市境内 G210 国道 K2716+400～K2721+100 段	4.7	2001	457	100

1.4　长大纵坡事故易发路段界定标准

对于长大纵坡事故易发路段中的长下坡路段来说，国内外尚缺少统一的界定标准，主要原因在于不同载重量和行车速度情况下，不同平均坡度对应的安全坡长并不相同。我国的科研工作者在这方面一直处于持续研究状态，并取得了一些科研成果，且在一些推荐性或地方性标准中有所体现，具体如下。

（1）相关科研成果。

2005 年，《新理念公路设计指南》中将平均纵坡大于或等于 4%，纵坡连续长度大于或等于 3km，交通组成中大、中型车辆比例较高的路段界定为连续长大下坡路段。

2007 年，全国道路交通安全工作部际联席会议《关于全面排查公路危险路段的通知》公布的"全国和省级督办公路危险路段标准"中对长大下坡路段提出的界定标准为：国家级长大下坡路段的标准是连续下坡长度大于 3km，且平均纵坡大于 5.5%；省级长大下坡路段的标准为连续下坡长度大于 3km，且平均纵坡大于一定纵坡的路段（二级公路大于 4.0%，三级公路大于 4.5%，四级公路大于 5.5%），对于高速公路则没有规定具体纵坡值。

2009年,潘兵宏、杨少伟、赵一飞等人通过分析长大下坡路段交通事故特点,采用路段典型大型货车的温升试验和回归分析的方法,建立了典型大型货车在长大下坡路段无辅助制动情况下的主制动器温度预测模型,并计算出下坡过程中主制动器温度达到200℃(温度超过200℃时就容易出现热衰退的危险工况)时不同平均纵坡度对应的坡长,见表1-3。据此,提出了高速公路长大下坡路段界定标准,即平均纵坡度对应的坡长大于表1-3中的值时,属于长大下坡路段,而对于平均纵坡度小于2%的情况,长大下坡路段的事故率最低,可认为不属于长大下坡路段。

高速公路长大下坡路段的界定标准　　　　　　　　　表1-3

平均纵坡度(%)	2.0	2.5	3.0	3.5	4.0	4.5	5.0
坡长(km)	6.0	5.0	4.5	3.5	3.0	2.5	2.5

在长安大学和交通运输部公路科学研究院承担的西部课题"连续长大下坡路段安全保障技术研究"中,通过综合考虑车辆载重、行驶速度、道路状况、驾驶行为、制动方式、交通环境及信息提示等因素,采用长大下坡路段汽车制动器温升模型,以制动器温度阈值为控制标准,将平均纵坡度及所对应坡长均不小于表1-4规定值的路段,界定为长大下坡路段。同时提出,当长大下坡过程中出现长度较短的反坡或长缓坡时,不能将该段连续下坡视为两段,仍应作为一段长大下坡路段。

高速公路长大下坡路段的界定标准　　　　　　　　　表1-4

连续下坡平均纵坡度(%)	2.0	2.5	3.0	3.5	4.0	4.5
连续路线长度(km)	15	7.5	4.5	4.0	3.5	3.0

注:表值为最小值,实际使用时可采用内插法计算确定。

(2)相关标准规定。

浙江省地方标准《高速公路交通安全设施设计规范》(DB 33/T 704—2013)中第3.11条给出了长陡坡下坡路段的定义,即平均纵坡大于3%且连续长度大于2km,或平均纵坡大于2.5%且连续长度大于6km的路段。

目前,表1-4关于长大下坡界定标准的研究成果应用较为广泛,在现阶段可作为我国长大下坡路段的定义,但在具体应用时还应根据公路具体情况综合确定。

对于长大纵坡事故易发路段中的弯坡组合路段来说,同样缺少明确的界定标准。本书结合相关研究成果,将下坡路段所衔接的曲线半径与相邻路段的运行速度差大于20km/h时,认定为弯坡组合路段,但具体应用时仍需根据公路具体情况综合确定。

1.5　长大纵坡事故易发路段安全处置措施

为了改善长大纵坡事故易发路段的交通安全状况,优化路线线形设计无疑是最有效的保障办法,但一味强调优化路线线形设计往往需要耗费大量资金,建设成本难以估计,施行难度普遍较大。因此,对于长大纵坡事故易发路段,在无法优化路线线形设计的情况下,主要通过交通管理措施和工程技术措施的综合应用来保障其运营安全。表1-5为高速公路长大纵坡事故易发路段常用的交通安全处置措施。

高速公路长大纵坡事故易发路段交通安全处置措施 表1-5

类　　型	安全处置措施	
交通服务设施与管理措施	教育	宣传教育与风险提示
	执法	强制货车停车检修
		超限超载检查
		加强处罚力度
	服务设施	加水站
		降温池
		紧急停车带
		服务区
		停车区
	管理措施	超限管理
		超速管理
		分车道管理
		监控管理
		照明管理
工程技术措施	交通标志	警告标志
		禁令标志
		指示标志
		指路标志
		告示标志
	交通标线	减速标线
		禁止标线
		警告标线
		指示标线
	减速设施	路面减速设施
		其他减速设施（减速护栏、减速垄等）
	护栏	护栏改造升级
	避险车道	增设或改造避险车道

第 2 章 长大纵坡事故易发路段事故特征与原因分析

2.1 概述

高速公路长大纵坡事故易发路段交通事故时有发生,且事故率及严重程度往往高于一般路段。为了能够提出更为合理有效的长大纵坡事故易发路段安全保障措施与综合处置对策,需要先客观地了解长大纵坡事故易发路段的事故特征及事故原因,从而改善长大纵坡事故易发路段的行车安全现状。

2.2 事故特征分析

随着我国对公路安全的不断重视,交通事故数据库作为重要的基础性资料,正处于不断积累与逐步完善的阶段,为行业相关技术研究与发展奠定坚实基础。下面根据长大纵坡事故易发路段的相关事故统计数据情况,从交通事故的位置分布、时间分布、车辆类型及事故形态等方面进行规律性总结,更深入地了解长大纵坡事故易发路段交通事故的特征。

2.2.1 事故位置

通过调研某高速公路长大纵坡事故易发路段 K436~K429 发生的 102 起交通事故数据,发现 K433 之后的交通事故数占总事故数的 70%,如图 2-1 所示。其中,K433~K431 段交通事故更为集中,同一位置最多发生过 5 次交通事故,而这一路段在纵断面上处于下坡后半段(图 2-2),且在平面上处于半径 7700m 的曲线段,车辆行驶至此时正好达到下坡时的最大速度,但却又不得不在弯道处转弯,一旦速度控制不当或制动失灵,很容易发生严重交通事故。

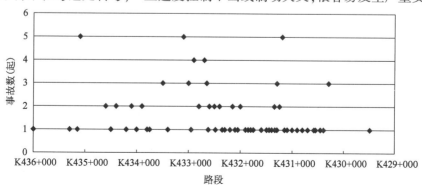

图 2-1　某高速公路长大纵坡事故易发路段历年交通事故位置分布

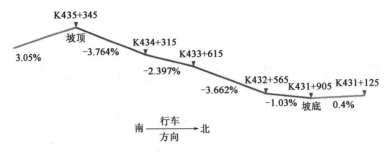

图 2-2　某高速公路长大纵坡事故易发路段纵断面线形

同时,在其他高速公路长大纵坡事故易发路段的事故数据中也看到了同样的规律。图 2-3 为某高速公路长大纵坡事故易发路段的事故统计情况,K36+000~K27+000 为下坡方向,发现事故多数发生在下坡路段的后半段(K29+000~K27+000),占下坡事故易发路段总事故数的 85%。

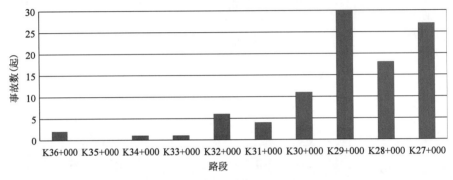

图 2-3　某高速公路长大纵坡事故易发路段历年交通事故位置分布(桩号从左至右为下坡方向)

因此,长大纵坡事故易发路段的事故位置分布具有较为明显的规律性,即事故多数集中发生在下坡路段的后半段,以及下坡路段衔接弯道的位置。进一步说明,车辆经过长时间制动后,制动失效概率在逐渐加大,且坡底段衔接弯道线形增加了车辆控制难度和事故概率。在长大纵坡事故易发路段安全治理过程中,下坡后半段需要重点采取降低交通事故严重程度的被动防护措施,而下坡前半段可以重点采用主动预防措施,从而降低车辆制动失效与弯道失控的事故概率,减少人员伤亡与财产损失。

2.2.2　事故时间

关于长大纵坡事故易发路段事故发生时间的分布特征,主要从事故全年月份分布和事故全天小时分布情况进行分析,具体如下。

(1)事故全年月份分布。

高速公路长大纵坡事故易发路段车辆制动系统温度与外界环境温度关系较大,在我国南方夏季气温较高时,车辆制动系统温度上升较快,其制动失效概率也会增大。

以某高速公路长大纵坡事故易发路段为例,7—9 月是全年交通事故的高发期,而 8 月是发生事故最多的月份。原因是,我国全年 12 个月中气温偏高的月份主要为 7—9 月,这与外界环境温度越高车辆制动器越容易失效的一般性规律相一致,如图 2-4 所示。

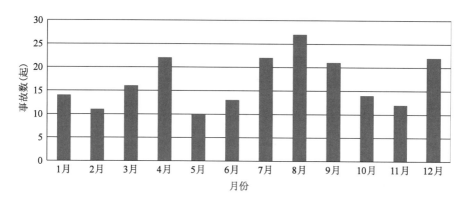

图 2-4　某高速公路长大纵坡事故易发路段事故按全年月份分布

（2）事故全天小时分布。

由于公路出行规律的周期性变化，公路的交通量在一天 24h 中各不相同。一天中，交通量常有高峰期和低峰期之分。同时，驾驶员在一天中不同时段注意力也不相同，所以交通事故的分布也随时间的变化而有明显的区别。

以某高速公路长大纵坡事故易发路段为例，事故发生最频繁的是 10:00，其次是 16:00，夜间发生的事故数明显少于白天，这与白天车流量大的特性相关，且下半夜发生事故明显比上半夜多，这与驾驶员生理特性相关，驾驶员在凌晨比较容易疲劳、注意力不集中，更容易发生交通事故，如图 2-5 所示。

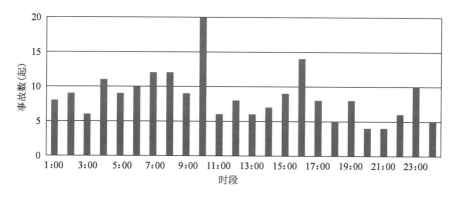

图 2-5　某高速公路长大纵坡事故易发路段事故按全天小时分布

同时，在其他高速公路长大纵坡事故易发路段的事故数据中也看到了同样的规律。图 2-6 为某高速公路长大纵坡事故易发路段全天 24h 的交通事故分布情况，可以看出事故发生频繁的时段也是 10:00 和 16:00，且事故数白天多于夜间、下半夜多于上半夜。

因此，长大纵坡事故易发路段的事故时间分布具有较为明显的规律性：全年 7—9 月为事故高发月份，全天 9:00—11:00 和 15:00—17:00 为事故高发时段，下半夜多于上半夜。在长大纵坡事故易发路段安全治理过程中，需要重点针对高发月份和时段采取合理的预防管控措施。

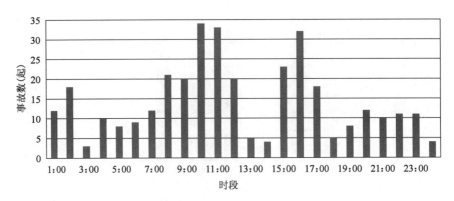

图2-6 其他某高速公路长大纵坡事故易发路段事故按全天小时分布

2.2.3 事故车辆

关于长大纵坡事故易发路段事故车辆的特征,主要从车辆所属地域、车辆类型及车辆载重情况进行分析,具体如下。

(1)事故车辆所属地域分布。

高速公路承载着全国不同地区的人流与物流的运输,运行车辆按照地域可分为本地车辆和外埠车辆两大类。由于驾驶员对某一路段的熟悉程度会对通行安全带来较大影响,一般来说,本地车辆更熟悉本地路况,长大纵坡事故易发路段的安全通行经验更为丰富,而外埠车辆对路况相对较为陌生,处置经验不足,经初步分析,外埠车辆更容易发生交通事故。

通过对两条高速公路长大纵坡事故易发路段的事故调研与统计,发现交通事故车辆多数为外埠车辆,车辆地域分布具有显著特点。即:高速公路长大纵坡事故易发路段一,86%的事故车辆来自省(区、市)外;高速公路长大纵坡事故易发路段二,95%的事故车辆来自省(区、市)外,如图2-7所示。这说明外埠车辆驾驶员不熟悉路况也是导致长大纵坡事故易发路段交通事故的一个重要原因。

图2-7 高速公路长大纵坡事故易发路段事故车辆所属地域分布

(2)事故车辆类型分布。

以某高速公路长大纵坡事故易发路段为例,交通事故的车型分布具有显著特点,大型货车的事故数最多,其次是小型货车和小型客车,如图2-8所示。数据表明,大型货车是导致长大纵坡事故易发路段交通事故的重要原因。

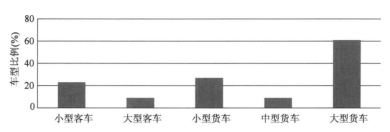

图 2-8　某高速公路长大纵坡事故易发路段事故车辆类型

同时,以某高速公路为例,统计得到长大纵坡事故易发路段事故中不同轴数车辆的占比情况,发现6轴重型载货汽车占比高达64%,说明在长大纵坡事故易发路段重型载货汽车危险性较大,如图2-9所示。

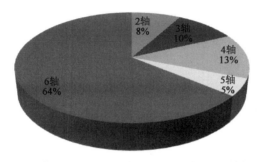

图 2-9　某高速公路长大纵坡事故易发路段事故车辆轴数分布

(3) 事故车辆载重分布。

基于图2-9中某高速公路长大纵坡事故易发路段发生事故的6轴重型载货汽车数据,进行事故车辆载重分析,可以看出,发生事故的6轴重型载货汽车满载率达到58%,说明事故车辆一般处于重载状态,事故车辆载重分布如图2-10所示。同时,以某高速公路27km下坡路段为例,该路段发生的交通事故中,重型载货汽车失控占比高达90%以上,且这些事故货车都存在超载现象,说明货车超载是长大纵坡事故易发路段事故发生的主要原因之一。

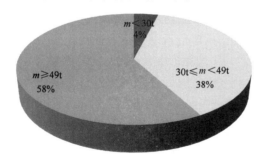

图 2-10　某高速公路长大纵坡事故易发路段事故车辆载重分布

因此,长大纵坡事故易发路段的事故车辆具有较为明显的规律性,即不熟悉公路线形条件的外埠过境车辆和6轴重型载货汽车(尤其是超载货车)更易发生交通事故。在长大纵坡事故易发路段安全治理过程中,应在宣传教育与风险提示、超限超载管控等方面采取相应的安全保障措施。

2.2.4 事故形态

以某高速公路长大纵坡事故易发路段为例,在所有的交通事故中,翻车事故占比最大,其后是追尾碰撞事故、侧面碰撞事故、碰撞固定物事故及正面碰撞事故,如图2-11所示。数据显示,翻车事故数量最多,主要是由于长大纵坡事故易发路段线形复杂,且大多数运行车辆为重型货车,驾驶员如果对线形判断不准确或在超车时稍有不慎,便可能因措施不当等原因导致车辆驶出路外,发生翻车事故。同时,车辆在长大纵坡事故易发路段制动失效后,冲出路外翻车与追尾也是主要的事故形态,原因是车辆制动失效后速度越来越快,容易和其他正常行驶的车辆发生追尾碰撞,当速度超过弯道最大速度限值后,车辆会冲出路外。翻车和追尾碰撞的事故后果普遍较为严重,是长大纵坡事故易发路段事故死亡率高的主要原因。

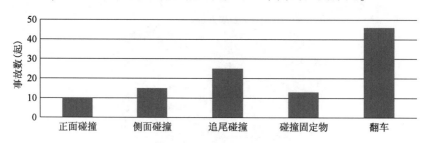

图2-11 某高速公路长大纵坡事故易发路段事故形态

因此,长大纵坡事故易发路段安全治理过程中,应采取有效的预防管理措施和被动防护设施,使驾驶员了解公路线形条件,以及车辆合理操作方式,降低车辆失控冲出路外翻车或碰撞的事故概率。

2.3 事故原因分析

交通事故往往可以从道路环境、车辆、驾驶员这三个方面存在的问题以及它们之间不相协调等找到引发事故的内在原因。基于上述对高速公路长大纵坡事故易发路段事故特征的系统分析,对事故原因进行总结归纳,具体包括以下三个方面。

(1)公路自身方面原因。与一般路段相比,长大纵坡事故易发路段的线形条件较为苛刻,经常出现下陡坡、急弯、下陡坡紧连急弯等较不利的线形组合,如图2-12所示。同时,由于高速公路路面铺装质量较好,车道数量较多,行车道较宽,且路侧有防护设施给驾驶员较强的安全感,车辆易以高出限速的运行速度行驶,超速现象较为普遍,而公路线形条件又不满足高速行驶的要求,因此车辆在下坡后半段和弯道位置事故多发。

(2)驾驶员方面原因。驾驶员的不当操作(持续制动)、违章超速及疲劳驾驶是长大纵坡事故易发路段发生交通事故的主要原因。

车辆行经长大纵坡事故易发路段时,一些驾驶员(尤其是外埠过境车辆驾驶员)对地域交通环境不熟,对公路线形条件认识错误,在下坡运行过程中,驾驶员会采用持续制动来降低车速以期望安全下坡,但大量事故案例证明这是一个致命的错误,极易发生车辆制动失效,从而引发严重后果。

图 2-12　公路自身线形条件不利

长大纵坡事故易发路段超速行驶导致的交通事故也占较大比例,一些驾驶员会采用高挡位超速下坡,甚至在弯道行驶时仍不减速,极易发生车辆制动失效或失控的情况,引发严重事故后果,如图 2-13 所示。

图 2-13　超速行驶导致交通事故

疲劳驾驶也会导致长大纵坡事故易发路段发生严重交通事故,一些驾驶员(尤其是长途运输车辆驾驶员)工作时间较长,没有足够时间休息,极易出现疲劳驾驶的情况,驾驶员无法保持清醒及良好的注意力,易引发严重事故,如图 2-14 所示。

图 2-14　疲劳驾驶导致交通事故

(3)运行车辆方面原因。长大纵坡事故易发路段的事故车辆主要为重型载货汽车,由于我国货运车辆车况较差且超载严重(图 2-15),下坡或平坦路段行驶过快,频繁制动,极易导致车辆制动性能下降,甚至制动失效。车辆超载是长大纵坡事故易发路段交通事故发生的主要原因之一。

图 2-15 重型货车超载

此外,我国公路上行驶的车辆质量性能差异较大,在长大纵坡事故易发路段,由于车辆动力性能的差异,不同性能的车辆在下坡时速度差较大,造成低速车辆"压道"行驶,而高速车辆频繁超车,正是这种"速度差"导致因超速行驶引发的碰撞事故也占一定比例。

第 3 章　长大纵坡事故易发路段交通服务设施与管理措施

3.1　概　　述

根据本书第 2 章对长大纵坡事故易发路段事故特征与原因的分析，驾驶员不熟悉路况、操作不当、超载及超速驾驶等情况，都会造成长大纵坡事故易发路段的运营安全问题。人和车作为影响交通安全的两大重要动态因素，加强交通服务设施与完善管理措施是解决长大纵坡事故易发路段交通安全问题的根本性举措，且大量研究成果与应用经验表明，其对提升此类路段交通安全水平具有重要作用。

高速公路长大纵坡事故易发路段的交通服务设施主要包括加水站、降温池、紧急停车带、服务区和停车区等，管理措施主要包括宣传教育与风险提示、超限管理、超速管理、分车道管理、监控管理及照明管理等。其为道路使用者提供清晰、完整、明了、准确的公路信息，有目的地使驾驶员加强安全行车意识，为公路管理者提供科学、先进的技术手段，以减少车辆行驶过程中发生事故的可能性，保障高速公路的安全、舒适与高效运行。

3.2　宣传教育与风险提示

根据 2.2.3 节所述，高速公路长大纵坡事故易发路段发生的交通事故中，外埠车辆占比较高，主要原因是外埠驾驶员对本地路况不熟，对长大纵坡事故易发路段的驾驶操作规范和应急处置措施知晓率不高，不仅易出现车辆操作不当引发制动失灵或失控的情况，且紧急情况下易错失最佳自救机会，可能酿成更为惨重的事故后果。因此，对行经高速公路长大纵坡事故易发路段的交通参与者（尤其是驾驶员）进行安全宣传教育与风险提示，是应用相应交通服务设施与施行相应交通管理措施的基础，具有十分重要的意义。

高速公路长大纵坡事故易发路段宣传教育与风险提示的具体内容大体可分为四个方面：一是，介绍长大纵坡事故易发路段的线形概况，如坡度、坡长、弯道等，让驾驶员对整个路段的线形有基础性认识，警示驾驶员沿线存在的安全风险；二是，介绍长大纵坡事故易发路段多年来发生的事故概况，如事故类型、事故数量、死伤人数、财产损失等，提高驾驶员的安全行车意识；三是，介绍长大纵坡事故易发路段安全驾驶的操作规范及预防措施等常识性内容，如车辆下坡合理制动方式、淋水降温、停车检修、及时补水等，从根本上降低事故发生的概率；四是，介绍长大纵坡事故易发路段车辆发生制动失效、自燃等紧急情况时，避险车道、减速路面、减速护栏、消防水箱等沿线安全技术设施的应用方法,供驾驶员紧急情况下充分发挥相应设施的功能。

基于相关研究与应用成果,并结合相关公路管理部门的实际经验,给出了高速公路长大纵坡事故易发路段的宣传教育与风险提示方案,具体如下:

(1)建议在长大纵坡事故易发路段的事故高发时段(详见2.2.2节),在坡顶上游2km范围内的检查站、服务区或停车区等合适位置设立"执勤点",为行经该路段的大型货车驾驶员(尤其是外埠驾驶员)提示安全风险、发放宣传资料、检查基础车况,做到安全提示到位、警示教育到位、隐患排查到位。通过更加直观的方式向驾驶员讲解大型货车在长大纵坡事故易发路段运行应遵守的安全操作规程和注意事项,让驾驶员在进入下坡路段前就受到一次安全警示教育,下坡前就在思想上有了足够的重视,以利于从根本上预防交通事故的发生。图3-1为某高速公路长大纵坡事故易发路段设立执勤点,开展一对一安全教育。

图3-1　某高速公路长大纵坡事故易发路段设立执勤点,开展一对一安全教育

同时,针对冬季气温较低、可达到凝冻条件的地区,大型货车驾驶员采用淋水器向轮胎和制动器淋水降温反而会造成路面结冰,过往车辆易发生打滑失控,引发恶性交通事故。因此,在"执勤点"提示大型货车驾驶员长大纵坡事故易发路段安全驾驶的基础上,还应严禁车辆驾驶员使用淋水器降低制动器温度,必要时可强制要求大型货车排空水箱或拆除水箱阀门,从而排除相关交通事故安全隐患。图3-2为某高速公路长大纵坡事故易发路段冬季路面结冰,为确保交通运行安全,设立执勤点提醒驾驶员安全驾驶。

图3-2　某高速公路长大纵坡事故易发路段冬季路面结冰,设立执勤点提醒驾驶员安全驾驶

(2)建议在长大纵坡事故易发路段坡顶上游2km范围内的检查站、服务区及停车区内,通过宣传栏、宣传单、录音广播或视频等形式,明确地告知道路使用者前方长大纵坡事故易发路段的特征(如坡长、坡度、弯道分布)、风险警示(如事故多发点、典型事故案例)和安全操作(如驾驶操作要点、应急措施、安全设施位置及使用方法)等信息,使行经此路段的道路使用者全程提高警惕、严谨操作及合理应急。图3-3为高速公路长大纵坡事故易发路段服务区和停车区设置的宣传栏示例。

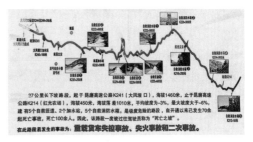

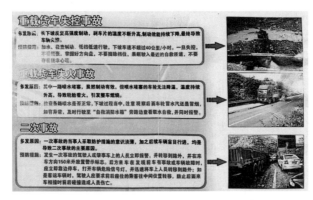

a)示例一

b)示例二

图3-3 某高速公路长大纵坡事故易发路段在指定区域设置的宣传栏

(3)由于互联网技术的飞速发展,导航系统的日益完善,人们公路交通出行几乎离不开导航软件的帮助,可将长大纵坡事故易发路段的地理坐标标注在电子地图上,植入导航软件中。在车辆行至长大纵坡事故易发路段坡顶前和坡中适当位置时重复提醒驾驶员,提示内容如:"前方为××km长大下坡事故易发路段,请驾驶员合理使用制动器,小心制动失效";在车辆行至加水站、停车区、降温池、避险车道等安全技术措施前1km位置时重复提醒驾驶员,提示内容如:"前方××km有××设施,可供车辆制动器降温/制动失效车辆紧急避险使用"。导航软件可为长大纵坡事故易发路段的宣传教育和风险提示提供更加具有针对性、准确性、高效性及广泛性的传播平台。

因此,采用线下和线上、静态和动态相结合的宣传教育和风险提示方式,可使交通安全意识深入人心,从源头上降低事故的发生概率,并在危急情况下,使驾驶员充分利用沿线安全技术措施,降低事故的严重程度,这是长大纵坡事故易发路段交通管理措施的基础和前提。

3.3 长大纵坡事故易发路段服务设施

服务设施是指设置在公路上,为公路使用者提供服务的场所,与车辆安全行驶密切相关。对于高速公路长大纵坡事故易发路段来说,在设置一般服务设施和达到基本服务功能的同时,还应结合该路段的事故特点对服务设施进行完善。据了解,大型货车在长大纵坡事故易发路段行驶过程中,制动器温度提升相对较快,车辆易发生制动疲软甚至失效、轮胎爆裂或自燃等情况,造成人员伤亡、车辆损毁的严重事故后果,经济损失和社会影响恶劣,如图3-4所示。因此,采用合理有效的服务设施,对大型货车制动器进行降温,显得尤为重要。

图3-4 制动器过热导致车辆自燃

通过总结相关研究与应用经验,车辆制动器降温的方法有两种:一种是将易获取又经济的水作为物理降温液体,所涉及的服务设施为加水站和降温池;另一种是采用停车休息进行自然冷却,所涉及的服务设施为紧急停车带、服务区、停车区等。

3.3.1 加水站

对于经常在长大纵坡事故易发路段行驶的大型货车来说,一般都会配备由冷却水箱、输水管及出水阀等组成的淋水器装置(图3-5),通过向轮胎和制动器进行淋水,以达到降低制动器温度的目的,从而减少制动失效、车辆自燃的风险,提高车辆行驶的安全性。

图 3-5 大型货车淋水器装置

为使制动器降温淋水器装置的正常使用至关重要,主要需关注水量是否够用和出水是否正常两方面因素。高速公路长大纵坡事故易发路段水箱缺水情况最为普遍,使得沿线的加水站应运而生,如图 3-6 所示。加水站是为大型货车淋水器提供加水服务的主要设施。下面基于相关规定及应用总结,对加水站设置提出如下建议:

(1)加水站设置位置及数量,需要综合事故情况、货车比例、路侧条件等因素进行确定。

(2)长大纵坡事故易发路段坡顶上游 2km 范围内应设置加水站,并配套设置预告标志和标线;下坡路段超过 15km 时,在坡中缓坡位置,可结合路侧地形条件论证设置加水站。

(3)坡顶设置的加水站宜配备加水点、货车制动力检测设施、停车区等,坡中设置的加水站可视情况进行简化。

(4)加水站可单独设置,亦可与服务区、停车区等其他服务设施合并设置;加水站的用地规模和停车场地面积根据需求和实际条件确定。

(5)加水站应做好水源供给准备,避免设置加水站后水源不足,甚至无水可用,或者引入附近水源向货车驾驶员收取过高水费等问题的出现,影响加水站使用效果;同时,冬季易降雪及温度可达凝冻条件的地区,加水站需要适时关闭。

(6)加水站出入口应满足识别视距要求,距隧道口、互通立交距离宜大于 1km;加水站变速车道的长度、横断面、端部设计宜符合《公路路线设计规范》(JTG D20—2017)中互通立交的相关规定,条件受限时,应增加必要的限速控制等交通管理措施。

图 3-6 长大纵坡事故易发路段加水站

3.3.2 降温池

降温池又名冷却池，是一种通过性的浅水池，水位深一般在 50cm 左右，水池里的水可以让已经发热的车辆制动器和轮胎冷却降温，有利于恢复车辆的制动性能，防止因温度过高导致制动失效、爆胎、自燃等情况发生，从而提高长大纵坡事故易发路段车辆行驶的安全性。下面基于相关规定及应用总结，对降温池设置提出如下建议：

(1)降温池应设置在车辆制动鼓温度较高，但还没有达到安全界限的路段，具体设置位置及数量，需要综合事故情况、货车比例、路侧条件等因素进行确定。

(2)降温池可单独设置，亦可与服务区、停车区等其他服务设施合并设置，如图 3-7 所示。

a)路侧降温池　　　　　　　　　b)服务设施内降温池

图 3-7　降温池设置位置

(3)车辆应平稳低速地通过降温池，禁止长时间停留在降温池内。若车辆在降温池内来回行驶、反复降温、甚至部分驾驶员滥用池水洗车，而后方随时会有车辆驶入降温池进行降温，一旦后方驶入车辆的制动不佳或应变不及，极易发生追尾事故，而且还会影响降温池的使用效率，因此，须避免车辆长时间停留。图 3-8 为多辆车使用降温池的照片。

图 3-8　多辆车使用降温池

(4)禁止小客车进入降温池。降温池所服务的对象主要为大型车辆，为了契合大型车辆制动器和车轮的高度，降温池的水位普遍较高(50cm 左右)，但对于小客车[轿车、运动型多用途车(SUV)等]来说并不适用，易发生车辆发动机和驾驶室进水，导致车辆因机械故障无法起动，从而影响其他大型车辆的正常使用，且存在追尾事故的安全隐患，如图 3-9 所示。

(5)降温池一般只在夏天开放，冬天就会停止提供服务。对于冬季气温较低、可结冰凝霜的地区，降温池需要适时关闭，防止因路面结冰带来交通安全隐患，如图 3-10 所示。

图 3-9 普通家用车进入降温池事故

图 3-10 降温池冬季停止使用

(6)对于长大纵坡事故易发路段交通量大、事故高发的路段,在使用率较高的降温池,应由专门的工作人员进行降温协助,如图 3-11 所示。从严格角度来说,车辆降温一般需要四个工作人员共同协助完成。其中,一个人负责指引车辆,引导车辆进入降温池内;一个人负责控制水来给车辆的制动器和轮胎降温;一个人负责各个工作人员的联络、协调及指挥,避免拥堵;一个人负责及时将池内的淤泥及杂物清理干净。

图 3-11 降温池配备专门工作人员

(7)降温池前应配套设置预告和指示的标志(图 3-12)、标线;出入口满足识别视距要求,距隧道口、互通立交距离宜大于 1km;降温池变速车道的长度、横断面、端部设计宜符合《公路路线设计规范》(JTG D20—2017)中互通立交的相关规定,条件受限时,应增加必要的限速控制等交通管理措施。

图 3-12　降温池预告和指示标志

3.3.3　紧急停车带

紧急停车带是高速公路上供车辆临时发生故障，或其他原因紧急停车使用的临时停车地带，是为了保证公路交通畅通，减少事故车、故障车的干扰而设计的。对于长大纵坡事故易发路段来说，紧急停车带对于大型货车尤其重要，原因是车辆下坡过程中，为了控制车速需要频繁制动，制动器制动性能降低、淋水器水量不足、轮胎过热自燃或爆胎等情况时有发生，车辆一旦出现此类故障，应尽快离开主线行车道，就近驶入紧急停车带进行处理，如图 3-13 所示。其中，车辆制动器降温一般停驶 30min 以上再行驶。车辆其他小故障可在紧急停车带上短时间进行维修，但出现大故障且长时间修不好的情况时，应及时通知救援车辆将故障车拖到修理厂维修。

图 3-13　长大纵坡事故易发路段紧急停车带

下面基于相关规定及应用总结，对长大纵坡事故易发路段的紧急停车带设置提出如下建议：

（1）高速公路长大纵坡事故易发路段右侧硬路肩宽度小于 2.5m 时，可设置紧急停车带。紧急停车带宽度一般为 3.5m，有效长度不应小于 40m，并在其前后设置不短于 70m 的过渡段。

其中，紧急停车带前后过渡段设计长度尤为关键，一旦设计长度不足，会使故障车辆与主线正常运行车辆形成较大速度差，极易发生追尾、侧碰等事故，如图 3-14 所示。

（2）紧急停车带设置位置及数量，需要综合事故情况、货车比例、路侧条件等因素进行确定。

（3）下坡弯道起点前 200m 至终点后 200m 范围内，不建议设置紧急停车带，原因是弯道位置视距相对较差，且车辆方向失控概率高，增加了紧急停车带事故概率，如图 3-15 所示。

图 3-14　紧急停车带过渡段设计不当会引发追尾事故

图 3-15　紧急停车带不宜设置在弯道位置

（4）紧急停车带仅供紧急情况下停车使用，不得无故占用，不能用来通行。若紧急停车带被违规占用，不仅阻碍故障车辆顺利驶入，而且一旦故障车辆失控或发现不及时，也会引发严重的交通事故，如图 3-16 所示。

图 3-16　紧急停车带被违规占用引发严重事故

（5）发生故障或事故的车辆，在驶入紧急停车带后，要按规定在车辆的后方 150m 处设置故障车警告标志并开启危险报警闪光灯，夜间还须开示廓灯和尾灯。车辆故障排除或事故处理完毕后，在驶回主线行车道的过程中，不得妨碍其他车辆的正常行驶。

3.3.4　服务区和停车区

服务区一般可提供停车场、室内外休息区、公共厕所、加油站、餐饮、住宿、购物等综合性服务，功能较为齐全；与之相比，停车区功能更为简单，作为车辆临时停车休息的区域，一般可提供少量停车位及室外休息区。

对于高速公路长大纵坡事故易发路段的服务区和停车区来说，在满足一般路段服务区和停车区基本功能的基础上，还应增加车辆（尤其是大型货车）检修、加水、降温及宣传教育等功能，如图 3-17 和图 3-18 所示。

下面基于相关规定及应用总结，对长大纵坡事故易发路段的服务区和停车区设置提出如下建议：

（1）服务区和停车区的位置应根据区域路网、建设条件、长大纵坡事故易发路段事故特点等进行合理规划和布设。

（2）长大纵坡事故易发路段坡顶上游2km范围内的适当位置宜设置服务区或停车区,停车区可在服务区之间布设一处或多处,停车区与服务区或两停车区之间的间距宜为15~25km。

（3）下坡坡长超过15km时,在坡中缓坡位置,结合路侧地形条件论证设置停车区。

（4）服务区和停车区与互通式立体交叉、隧道的净间距宜大于2km,条件受限时,可参照互通式立体交叉间距的相关要求。

（5）可在服务区或停车区同时设置供大型货车使用的加水站和降温池。

（6）服务区和停车区所设置的停车位可供大型货车停驶休息,制动器自然降温,一定程度上缓解驾驶员下坡过程中紧张的精神状态,恢复车辆的制动性能。

（7）服务区和停车区可提供开展长大纵坡事故易发路段宣传教育和风险提示的平台,通过宣传栏、宣传册等形式告知驾驶员长大纵坡事故易发路段的道路状况、严禁空挡下坡等操作建议。

图3-17　长大纵坡事故易发路段服务区

图3-18　长大纵坡事故易发路段停车区

3.4 长大纵坡事故易发路段管理措施

公路交通是人、车、路和环境等诸多因素组成的有机整体,需要完善、有效的交通安全管理措施来保障公路交通有序运营。下面介绍与高速公路长大纵坡事故易发路段交通安全密切相关的管理措施,包括超限管理、超速管理、不同车型分车道管理、监控管理及照明管理等。

3.4.1 超限管理

高速公路带动了货物运输行业的快速发展,但部分道路使用者为了追求利益最大化,行驶过程中经常出现货车超载的情况。通过对长大纵坡事故易发路段交通事故进行总结,发现较长距离的下坡或者衔接的弯道是交通事故的诱因,但车辆超载往往是重要的"催化剂"。这是因为,车辆超载会使其自重加大,车辆减速所需要的制动时间、制动距离及摩擦力要更大,从而制动器产生的热量也随之增加,加剧了制动热衰退的形成,更易出现制动失效的情况,易引发交通事故;而且,超载还会使车辆所受离心力增加,高速转弯时容易导致侧翻事故。

例如,2020年4月13日6时17分,一辆运载水泥管桩的重型半挂牵引车由福州市马尾区向罗源县松山镇方向行驶,当行至国道104松山镇渡头村一下坡路段时,车辆出现制动失效,随后失控偏离主车道,并侧翻撞上路边行人和两栋民房,造成9人死亡、8人受伤,如图3-19所示。经调查,该事发下坡路段坡度1%,为缓坡,坡长3.7km,也不是很长,但肇事车辆存在严重超载情况,其最大允许总质量49t,实际车货总质量82.28t,超载67.9%,严重超载成为导致车辆制动失效,造成恶性交通事故的重要原因。

图3-19 超载导致长大纵坡路段恶性交通事故

图3-20为其他因超载导致车辆制动失效的交通事故照片。

为保障长大纵坡事故易发路段的安全和畅通,减少车辆超限情况的发生,提出以下几点治理措施:

(1)在长大纵坡事故易发路段坡顶前的适当位置(如高速公路入口)设置超限检测站(图3-21),检查运输车辆是否有超载、超长、超宽、超高等不符合道路运输管理规定的情况(图3-22)。对于超限车辆依法进行查处、纠正,责令超限车辆卸载、驳运,施行限制措施(图3-23),加强监管惩罚力度,从源头上杜绝长大纵坡事故易发路段的安全隐患。

图 3-20　其他因超载导致车辆制动失效的交通事故照片

图 3-21　设置超限检测站

图 3-22　现场检测

图 3-23　超限车辆处理

（2）对于交通量较大、治理工作任务较重的超限检测站，可在检测站前约 1km 处的公路主线上设置不停车高速预检系统，预先筛选超限嫌疑车辆。该系统可在不干扰道路正常通行秩序的前提条件下，对在车道中正常行驶的车辆进行无限制预检测，并提示超限车辆以及管理人员引导超限嫌疑车辆进入低速精确称量区域,进行精确复核,对于确实超限车辆,做进一步的执法处理。

高速预检系统主要由高速动态称重设备、车牌识别设备、车辆分离系统组成,如图3-24所示。高速动态称重设备设置在检测站前约1km处,按照相关车辆限重标准对通过所有的正常行驶车辆进行重量检测,并对车辆进行车宽及车高的检测;在称重点后方约25m处设置简易门架,安装车牌识别设备,抓拍超限车车头及整车图片,并对牌照进行自动识别;在称重点后方约500m处设置可变信息标志,将超限车辆及牌照信息发布到可变信息标志上,提醒超限嫌疑车辆进入检测站复核;高速预检管理计算机将超限嫌疑车辆数据发送到引导信息屏上,为引导人员提供引导信息。同时,检测数据、车牌信息以及车辆照片通过网络存储至服务器中,可为交通执法提供依据。

a) 整体效果

b) 系统组成

图 3-24　高速预检系统

(3)高速公路长大纵坡事故易发路段实行计重收费方式,对超载车辆采用分区间合理加重收费的办法,随着超载程度的增加,计重费率成倍提升,使其无利可图,有效治理恶意超限超载情况的发生。

(4)各执法部门之间加强协调,努力做到齐抓共管、综合治理。既要防止重复执法、以罚代管,又要防止执法不严。发现恶意超限,要坚决卸载纠正并加以处罚,不能只要缴够罚款就放行。

3.4.2　超速管理

车辆运行速度是影响交通安全的重要因素。在长大纵坡事故易发路段,大型车辆(尤其是大型货车)应低挡位运行,采用发动机辅助制动来平衡由于车辆自重带来的下坡力,以减小行车制动器的负荷强度。但调查发现,大型货车驾驶员在下坡过程中,往往抱有侥幸心理,考虑近期利益而忽视行车安全,如为节约用油在下坡时采用空挡滑行,为节约行车时间采用高挡位行驶等,超速现象较为普遍。然而,长大纵坡事故易发路段超速行驶一般会产生车辆制动性能降低、制动距离延长、驾驶员视觉误差及车距判断失误、干扰正常车流等问题,驾驶员遇突发情况或弯道线形时,容易发生速度过高导致车辆失控的情况,造成追尾、侧翻等严重事故,因此,超速是长大纵坡事故多发路段的事故主要原因之一。

需要采用严格有效的速度管控措施,对长大纵坡事故易发路段车辆行驶速度进行管理,加强惩罚力度,降低车辆超速行驶的情况发生。其中,测速是车速管控的一种重要手段,配合相应的处罚措施可以达到有效的控速效果。高速公路常用的测速方式主要包括定点测速、区间测速和流动测速,具体介绍如下:

(1)定点测速是在公路上的某个固定的点安装测速装备,记录车辆通过该点的瞬时速度。其属于点状测速,具有一定的警示作用。实际应用过程中,测速点具体位置被驾驶员所熟知或导航系统所提示,超速车辆一般采用定点降速的方式逃避处罚,在测速盲区则依旧违法超速行驶。对于需要全程严格控制车速的长大纵坡事故易发路段,单一的定点测速对车辆速度管理效果并不理想,甚至还易造成追尾事故。图 3-25 为定点测速装备。

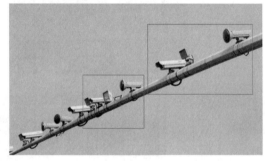

图 3-25　定点测速装备

(2)区间测速是在公路同一路段上布设两个相邻的监控点,基于车辆通过前后两个监控点的时间来计算车辆在该路段上的平均行驶速度,并依据该路段上的限速标准判定车辆是否超速违章,属于线状测速,如图 3-26 所示。这种测速方式一定程度上控制了区间内的车辆平均速度。

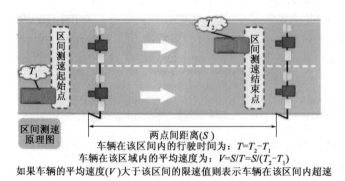

图　3-26

图 3-26　区间测速

（3）流动测速也可称为不定点测速，是使用可移动测速仪、手持测速仪等设备，可以自由调节方向，从不同的方向对超速车辆进行拍摄，达到测速的目的，属于点状测速，如图 3-27 所示。流动测速一般与定点测速或区间测区配合使用，设于重点控速路段，可进一步加强车速监管力度，填补速度监管空白。

图 3-27　流动测速

针对高速公路长大纵坡事故易发路段对车速管控的特殊需求，通过总结该路段测速方式的相关研究与应用效果，提出如下测速方式选择建议：

（1）长大纵坡事故易发路段可采用点、线（定点测速、区间测速、流动测速）相结合的测速方式进行全路段的速度管控，如图 3-28 所示。

图 3-28　综合测速方式的应用

（2）长大纵坡事故易发路段区间测速，建议在坡顶上游 500m 范围内设置区间起点测速装备，在坡底设置区间终点测速装备。

（3）长大纵坡事故易发路段定点测速，建议在下坡起、终点之间，间隔 1km 设置一处定点测速装备。

(4)长大纵坡事故易发路段流动测速,建议根据线形条件、事故情况及违章记录等统计数据,在下坡超速现象频发处或事故多发位置前一定距离,配合设置流动测速进行综合监管与执法。

(5)长大纵坡事故易发路段可采用分车型限速方式,最低限速和最高限速需要结合路段实际情况确定,限速排序一般为小型客车最高、大型客车次之、大型货车最低。

(6)长大纵坡事故易发路段超速现象频发的位置可设置测速反馈装备(图3-29),并在其后约500m位置设置可变信息标志,实时发布超速违法车辆的信息,对违法车辆进行告知,提醒驾驶员注意减速行驶,并警示更多车辆,减少事故隐患。

图3-29 测速反馈装备及可变信息标志

3.4.3 分车道管理

高速公路车型组成复杂多样,大体分为小型客车、大型客车、大型货车三种主要类型,因不同车型的机械性能和使用功能不同,导致驾驶行为和运行速度存在较大差异,例如小型客车质量轻、速度高、制动性能好,而大货车载重大、速度低、制动距离长。根据调研发现,不同车型混合行驶的交通模式容易出现速度差,导致交通拥堵及碰撞事故,降低了车辆通行效率,影响了公路的安全运营。

对于高速公路长大纵坡事故易发路段来说,大型货车下坡时需要保持较低的行驶速度,而小型客车速度相对较快,不同车型混合行驶所带来的交通问题更加突出。为此,通过总结相关研究与应用经验,提出长大纵坡事故易发路段实行不同车型分车道行驶的管控方式,具体如下:

(1)在双向四车道路段,最内侧车道为小型客车行驶车道,最外侧车道为大型客车和大型货车的行驶车道,禁止超车变道;在双向六车道路段,最内侧车道为小型客车行驶车道,中间车道为小型客车和大型客车行驶车道,最外侧车道为大型货车行驶车道,禁止大型货车超车变道;在双向八车道路段,内侧两条车道为小型客车行驶车道,外侧两条车道为大型客车和大型货车行驶车道,禁止大型客车和大型货车驶入内侧两条车道。

(2)可通过设置交通标志和路面标记等方式,提醒不同车型按照规定在对应的车道上行驶(图3-30)。例如,在行车道上方设置对应的车型指示标志;在行车道的路面上施划对应车型的文字信息("小客车""大客车""大货车");在交通标志或路面标记中体现"客货分离,严禁变道"等警告信息。

(3)长大纵坡事故易发路段的车道分界可采用施划实线,或设置物理隔离设施(如锥形桶、隔离护栏)的方式,禁止车辆变换车道,降低事故发生概率,如图3-31所示。

图3-30 指示车辆分车道行驶的交通标志或路面标记

图3-31 车道分界常用方式

(4)长大纵坡事故易发路段未行驶在指定车道的车辆,可依据相关法律法规进行罚款扣分,加强惩罚力度。

3.4.4 监控管理

高速公路监控系统是将先进的信息技术、数据通信传输技术、电子控制技术、计算机处理技术等综合运用于地面运输管理体系,而建立起的一种在大范围内全方位发挥作用,实时、准确、高效的高速公路运输监控综合系统。高速公路监控系统一般由驾驶员信息系统、图像监视系统、控制系统共同组成。驾驶员信息系统主要包括可变信息标志、可变限速标志、通道可变信息标志、车内显示设备、路侧广播系统等设施,可向驾驶员提供高速公路的路况,告知驾驶员高速公路上紧急情况的最新信息,并提供可选择的行驶路线等;图像监视系统主要包括实时交通状态显示板、监视墙、大屏幕投影屏等设施,可监视高速公路的交通运行;控制系统是高速公路的核心,可检测各种交通信息,并将信息传送给室内中心计算机,计算机通过数据判断、处理与分析,生成控制方案,并通过相应的设备对高速公路相关的路段进行管理与控制,还可向交通管理控制中心传递相关的交通信息。

高速公路监控系统主要具备三个方面的功能：一是信息采集，包括实时采集道路交通实时状态，包括交通信息、气象信息及交通异常事件信息等；二是信息处理与决策，包括对交通运行状态正确与否的判断、交通异常事件严重程度的确认、交通异常状态的预测、对已经发生或可能发生的异常事件处置方案的确定等；三是信息发布与控制功能，包括对高速公路正在行驶着的驾驶员提供道路交通状况信息，对行驶车辆发出限制、劝诱、建议性指令，对交通事故和其他异常事件的处理部门提供处置指令，对信息媒体或社会提供更广泛应用的高速公路交通信息。

《公路工程技术标准》(JTG B01—2014)中第 10.4.2 条规定，监控设施分为 A、B、C、D 四个等级，并给出各等级监控设施的适用范围，见表 3-1。

各等级监控设施的适用范围　　　　　　表 3-1

监控设施等级	适 用 范 围
A	高速公路(全程监控)
B	高速公路(分段监控)
C	干线一级、二级公路
D	集散公路、支线公路

A 级：应全线设置视频监视、动态信息发布及交通诱导设施，结合收费站、特大桥、隧道前、互通式立交、服务区等重点或有特殊需求路段，设置交通事件检测、交通量检测、环境信息检测、匝道控制设施。实现全线的全程监控、动态信息发布和交通诱导。

B 级：应在收费站、特大桥、互通式立交、服务区等重点或有特殊需求的路段，设置视频监视、交通事件检测、交通量检测、环境信息检测、匝道控制、动态信息发布及交通诱导设施。实现全线的重点监控、动态信息发布和交通诱导。

C 级：宜在特大桥、服务区、客运汽车停靠站、公路平面交叉口等重点或有特殊需求路段，设置视频监视、交通事件检测、交通量检测、动态信息发布及交通诱导设施。

D 级：可在特大桥、加油站、客运汽车停靠站、主要公路平面交叉口等重点或有特殊需求路段，设置交通量检测、现场交通信息提示及交通诱导设施。

根据相关研究与应用经验，对于高速公路长大纵坡事故易发路段来说，全线可采用全程监控，避险车道等独立区域可采用分段监控，如图 3-32 所示，具体设置方式为：

在长大纵坡事故易发路段设置一套或多套超速检测监控设备，当车辆通过检测点时，系统自动检测车速，并把信号传输给车牌识别设备，启动车牌识别系统对该车辆的车牌进行识别，若超速则把识别结果通过监控室计算机发布到可变信息标志上，并通过声光报警器进行报警，提示驾驶员降低车速、谨慎驾驶；在避险车道处设置一套避险车道监控设备，在避险车道入口处设置指示牌提示避险车道入口和启闭信息；在制动坡道前设置检测线圈，当有车辆驶入避险车道制动路床时，检测信号可触发入口处避险车道指示牌显示红色"×"，并有声光报警，以禁止后面的车辆继续驶入。另外，在超速检测设备后约 1km、小半径弯道、桥梁隧道以及避险车道等易发生事故的路段设置视频检测器，对交通事件进行实时监测，一旦发生车辆交通肇事、占道停车、货物散落、车辆拥堵等异常状况，可在第一时间自动报警，并及时将路段的视频和报警区域图像上传给主控计算机，切换到主监控画面，有效配合交通管理人员的工作，提高救援效率，将人员伤亡和经济损失降到最低。

a) 视频检测

b) 监控中心

图 3-32　监控管理

3.4.5　照明管理

我国高速公路常规路段一般不设置照明设施,夜间行驶主要依靠车辆自身车灯照亮前方道路,并通过设置的反光标志、反光标线、轮廓标等设施来确定行驶方位。

与夜晚灯光明亮的城市道路(图 3-33)相比,高速公路略显黑暗(图 3-34),但规范对高速公路是否设置照明设施并没有强制要求,原因主要包括五个方面:一是,高速公路建设标准高,路面条件好,且空间上实行封闭运行,服务对象主要为机动车,行人、非机动车、摩托车、拖拉机等禁止进入,夜间通过车灯照明及配套设施诱导,安全系数相对较高,可以较好地保障夜间交通的安全与顺畅;二是,我国高速公路总里程已有十多万公里,若全路段安装照明设施,势必大幅增加建设成本及能源消耗;三是,高速公路夜间车流量随机性较大,若为了少量车的通行而在全路段安装照明设施,会造成巨大的支出和资源浪费;四是,高速公路路线长,一旦照明设施出现故障或破损,维护较为困难,而且提高公路管理养护成本;五是,高速公路也是一种极为重要的战略设施,可临时充当供小型飞机起降的战时机场,全路段设置照明设施不利于发挥国防作用。

图 3-33　设置照明设施的城市道路

图 3-34　未设置照明设施的高速公路

然而,由于驾驶员在驾驶过程中所获得的信息主要来自视觉,适当的照明会提高夜间行车的视觉舒适性,有利于驾驶员看到更远处的道路线形,更准确地了解路段交通状况,缓解驾驶员的视觉疲劳及紧张情绪等,照明设施对于高速公路夜间行车安全具有一定的积极作用。

虽然,高速公路常规路段考虑经济成本、能源节约等因素普遍未设置照明设施,但《公路工程技术标准》(JTG B01—2014)中第 10.4.5 条第 3 款规定,收费广场、服务区广场、避险车道、检测点(站)等应设置照明设施,位于城市出入口路段的互通式立体交叉、特大桥、机场高速公路、环城高速公路可设置照明设施。图 3-35 为高速公路特殊路段设置的照明设施。

图 3-35　高速公路特殊路段设置的照明设施

对于高速公路长大纵坡事故易发路段来说,通过总结相关研究与应用经验,除了在相关服务设施和避险车道处设置照明设施外,建议在长下坡路段全线及小半径弯道位置设置照明设施,具体如下:

(1)照明质量要求。公路照明质量评价指标包括路面平均亮度或平均照度、路面亮度均匀度或照度均匀度、眩光限制、环境比和视觉诱导性。照明质量可参照公路沿线特殊设施及场所照明质量要求,见表 3-2。

公路沿线特殊设施及场所照明质量要求　　表 3-2

照明区域	照度要求		眩光限制
	平均照度 E_{av} (lx)	总均匀度 $U_0(E)$	
收费站广场	20~50	0.4	应防止照明设施给行人、机动车驾驶员和作业者造成眩光
服务区	10~20	0.4	
养护区	10~20	0.3	
停车区	15~30	0.3	

(2)照明灯具和布设要求。公路照明应采用截光型灯具或半截光型灯具,应具有耐腐蚀性能和耐候性能,常规路段照明宜采用高钠灯,不应采用白炽灯,公路照明也可采用符合公路照明要求的新型光源,如 LED(发光二极管)光源、无极灯等。

灯具布设的一般要求:根据公路断面形式、宽度、照明器具的配光性能和照明要求,灯具可分为单侧布置、双侧交错布置、双侧对称布置和中心对称布置等。为保证照度和均匀度,《照明设计手册》对不同布设方式灯具的安装高度、间距关系进行说明见表3-3;为防止眩光,灯高与光源光通量也有对应的一个推荐关系,见表3-4。

不同布设方式灯具的安装高度及间距关系 表3-3

布 设 方 式	截 光 型		半 截 光 型	
	安装高度 $H(m)$	间距 $S(m)$	安装高度 $H(m)$	间距 $S(m)$
单侧布灯	$H \geqslant 1 W_{eff}$	$S \leqslant 3H$	$H \geqslant 1.2 W_{eff}$	$S \leqslant 3.5H$
交错布灯	$H \geqslant 0.7 W_{eff}$	$S \leqslant 3H$	$H \geqslant 0.8 W_{eff}$	$S \leqslant 3.5H$
对称布灯	$H \geqslant 0.5 W_{eff}$	$S \leqslant 3H$	$H \geqslant 0.6 W_{eff}$	$S \leqslant 3.5H$

注:W_{eff}-路面有效宽度;S-灯杆间距;H-安装高度。

灯高与光通量的关系 表3-4

灯高(m)	光通量(lm)	对应的高压钠灯功率(W)
8	12500	150
10	25000	250
12	45000	400
15	95000	600

(3)曲线路段照明布设有其特殊要求。①平曲线半径大于或等于1000m的曲线路段,可按直线路段进行照明布设;②平曲线半径小于1000m的曲线路段,照明灯具的布设间距宜为直线段的0.5~0.7倍,半径越小,间距也应越小;③在反向曲线路段上,宜固定在单侧设置灯具,产生视线障碍时可在曲线外侧增设附加灯具;④当曲线路段的路面较宽,需采取双侧布置灯具时,宜采用双侧对称布置;⑤曲线路段的照明灯具不得安装在直线路段灯具的延长线上。

第4章 长大纵坡事故易发路段交通标志设置研究

4.1 概　　述

交通标志作为一种以颜色、形状、字符、图形等形式向公路使用者传递信息,用于管理交通的辅助设施,其合理设置对预防长大纵坡事故易发路段交通事故的发生具有十分重要的作用。然而,通过对高速公路长大纵坡事故易发路段安全状况的调查与分析,发现大部分路段交通标志的设置都没有进行过系统研究,存在一些不合理之处,如标志设置密度过大或次序杂乱,严重影响驾驶员对有效信息的获取,缺少表达路段关键信息的标志,无原则地设置警告标志降低其可信度,过分依赖文字型标志且部分汉字数量较多不利于行车安全等,如图4-1所示。

图4-1　部分路段标志密度大、文字数量多

交通标志设置缺少合理性与系统性已成为导致长大纵坡事故易发路段交通事故发生的影响因素之一,需要高度重视。对此,本章将基于长大纵坡事故易发路段交通事故发生的成因及规律,结合公路状况及交通情况,采取有效措施对长大纵坡事故易发路段的交通标志进行有针对性的合理设置,给驾驶员提供完整的、连续的、有效的、及时的服务信息和合理引导,形成完善的交通标志系统,使驾驶员注意到公路本身及沿线环境中不易被发现的一些情况,有效降低事故发生概率,最大限度地减少人员伤亡和财产损失,促进高速公路交通畅通和行车安全。

4.2　交通标志的作用与分类

4.2.1　交通标志的作用

交通标志的主要作用包括预告和警告、规范与指导、引导和服务三个方面,具体如下:

(1)预告和警告作用。交通标志可以预告高速公路长大纵坡事故易发路段的公路状况和周围情况,警告来往车辆注意危险地点,小心驾驶。

(2)规范与指导作用。交通标志可以对驾驶员的交通行为进行规范和指导,通过禁令标志明确告知驾驶员哪些交通行为不可为,通过指示标志指导驾驶员如何选择车道,如何安全通过长大纵坡事故易发路段等正确的交通行为,使驾驶员进行必要的保护,防止或减轻交通伤害,保障交通安全。

(3)引导和服务作用。交通标志中的指路标志是一种服务性标志,可以为驾驶员提供明确的前进方向,以及长大纵坡事故易发路段沿线涉及相关服务设施的地点、距离等信息,便于驾驶员合理使用,降低交通事故风险及严重程度。

4.2.2 交通标志的分类

交通标志有多种类型,可按不同的方式进行划分。《道路交通标志和标线 第2部分:道路交通标志》(GB 5768.2—2022)规定,交通标志按作用分为主要标志和辅助标志,按光学特性分为逆反射式标志、照明式标志、发光式标志,按版面内容显示方式分为静态标志和可变信息标志,按设置时效分为永久性标志和临时性标志,按显示位置分为路侧标志和路上方标志,按传递信息强制性程度分为必须遵守标志和非必须遵守标志。

下面基于规范对交通标志的分类,进一步普及交通标志的基本知识,并给出高速公路长大纵坡事故易发路段对应的交通标志示例。

4.2.2.1 主要标志和辅助标志

主要标志包括警告标志、禁令标志、指示标志、指路标志、旅游区标志、作业区标志、告示标志七种。

(1)警告标志。为了警告驾驶员注意前方路段存在的危险和必须采取的措施,一般在公路本身及沿线环境存在影响行车安全且不易被发现的危险地点处,经充分论证可设置警告标志。除特殊规定外,警告标志的颜色均为黄底、黑边、黑图案,形状通常为等边三角形或矩形,其中三角形顶角朝上。警告标志一般包括:与公路几何线形有关的急弯路标志、陡坡标志、连续下坡标志等;与交叉路口有关的交叉路口标志、注意分离式道路标志等;与路面状况有关的过水路面(或漫水桥)标志、易滑标志等;与沿线设施有关的避险车道标志、隧道标志等;与沿线环境有关的注意落石标志、注意横风标志等;其他警告标志为事故易发路段标志、注意保持车距标志、建议速度标志、注意危险标志等。警告标志共有49种,图4-2为长大纵坡事故易发路段涉及的部分警告标志示例。

(2)禁令标志。根据公路条件和交通量情况,在需要明确禁止或限制车辆交通行为的路段起点前,应设置禁令标志,驾驶员应严格遵守。除个别标志外,禁令标志的颜色均为白底、红圈、红杠、黑图案及图形压杠,形状通常为圆形、八角形、顶角朝下的等边三角形。禁令标志包括:与交通管理有关的禁止通行标志、禁止驶入标志、禁止车辆停放标志、限制速度标志、停车检查标志等;与公路建筑限界及汽车荷载有关的限制宽度和限制高度标志、限制质量和限制轴重标志等;与路权有关的停车让行标志、减速让行标志等。禁令标志共有43种,图4-3为长大纵坡事故易发路段涉及的部分禁令标志示例。

图 4-2 长大纵坡事故易发路段涉及的部分警告标志示例

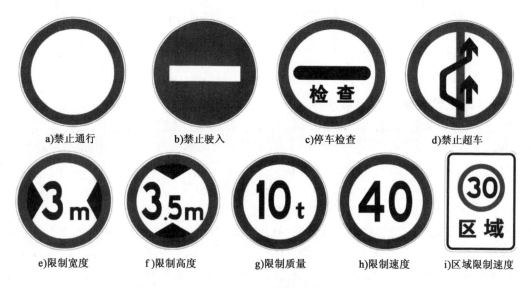

图 4-3 长大纵坡事故易发路段涉及的部分禁令标志示例

（3）指示标志。根据交通流组织和交通管理的需要，在需要指出前方行驶方向、指导驾驶员的驾驶行为、指出每个车道使用目的、指出与路权有关的优先行使权等让驾驶员容易产生迷惑处或必须遵守行驶规定处设置指示标志。除特殊说明外，指示标志上不允许附加图形，若附加图形，原指示标志的图形位置不变。指示标志所设位置应便于驾驶员观察前方路况，并易于转换行驶方向。除特殊规定外，指示标志的颜色均为蓝底、白图案，形状通常为圆形、长方形和正方形。指示标志包括：与行驶方向有关的指示某行驶方向的标志（如直行、靠左/右侧道路行驶）、立体交叉行驶路线标志等；指导驾驶行为的最低限速标志等；指出车道使用目的的车道行驶方向标志、车道标志等；与路权有关的会车先行标志、停车位标志等。指示标志共有29种，图 4-4 为长大纵坡事故易发路段涉及的部分指示标志示例。

图 4-4　长大纵坡事故易发路段涉及的部分指示标志示例

（4）指路标志。为了给驾驶员提供去往目的地所经过的公路、沿途相关城镇、重要公共设施、服务设施、地点、距离和行车方向等信息，设置指路标志进行沿途导向。除特殊说明外，一般道路指路标志为蓝底、白图案、白边框、蓝色衬边；高速公路和城市快速路指路标志为绿底、白图案、白边框、绿色衬边。除个别标志外，形状通常为长方形和正方形。其中，一般道路指路标志按标志的功能分为路径指引标志（如交叉路口预告标志、交叉路口告知标志、确认标志）、地点指引标志（如地名标志、地点识别标志）、道路沿线设施指引标志（如停车场标志、错车道标志、休息区标志）、其他道路信息指引标志（如线形诱导标、交通监控设备标志、百米桩）；高速公路指路标志按照标志的功能分为路径指引标志（如入口指引标志、行车确认标志、出口指引标志）、沿线信息指引标志（如起/终点标志、车距确认标志、百米牌）、沿线设施指引标志（如紧急停车带标志、服务区标志、停车区标志、超限检车站标志）。指路标志共有 146 种，图 4-5 为长大纵坡事故易发路段涉及的部分指路标志示例。

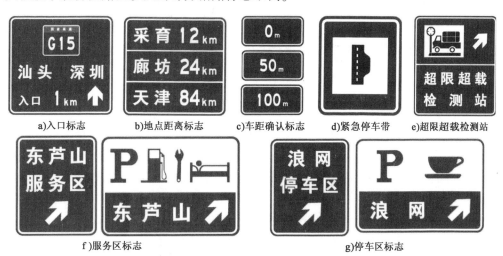

图 4-5　长大纵坡事故易发路段涉及的部分指路标志示例

（5）旅游区标志、作业区标志、告示标志。旅游区标志可提供旅游项目类别、具有代表性的符号以及前往各旅游景点的指引，设置在需要指示旅游景点方向、距离的交叉口附近，或设置在大型服务区内通往各旅游景点的路口，通常为棕色底、白色字符图案，形状为长方形和正方形，但基本不涉及长大纵坡事故易发路段的信息。作业区标志用来通告驾驶员交通阻断、绕行等情况，设在施工、养护等路段前适当位置。用于作业区的临时标志有警告标志、禁令标志、指示标志及指路标志，其中临时警告标志和指路标志，通常为橙底或荧光橙底、黑图案，临时指示标志和禁令标志底色不变,并建议设置在照明条件不好、能见度差的作业区。临时警告标志和指路标志底色宜采用荧光橙色,亦基本不涉及长大纵坡事故易发路段的信息。图4-6为部分旅游区和作业区标志示例。

a)旅游区

b)作业区

图4-6　部分旅游区和作业区标志示例

告示标志用来解释、指引公路设施、路外设施,或者告示有关公路交通安全法及实施条例的内容,通常为白底、黑字、黑图案、黑边框,版面中的图形标识如果有需要可采用彩色图案,图4-7为长大纵坡事故易发路段涉及的部分告示标志示例。

图4-7　长大纵坡事故易发路段涉及的部分告示标志示例

(6)辅助标志。当主标志无法完整表达或指示其规定时,为维护行车安全与交通畅通的需求,应设置辅助标志,对主标志起到补充说明作用。辅助标志安装在主标志下面,紧靠主标志下缘,通常为白底、黑字(图形)、黑边框、白色衬边,形状为矩形。辅助标志可分为表示时间、表示车辆种类和属性、表示方向、表示区域和距离、表示警告和禁令理由的几种不同类型。辅助标志不能单独设立,图4-8为部分辅助标志示例。

a)时间　　　　b)距离　　　　c)长度　　　　d)组合辅助

图4-8　部分辅助标志示例

4.2.2.2 逆反射标志、照明式标志、发光式标志

逆反射标志是指采用逆反射材料制作标志面的标志。逆反射材料主要为反光膜,当夜晚车辆前照灯射向逆反射标志时,反光膜能将光线定向反射回来,使驾驶员在夜间能看清标志,实现逆反射功能。反光膜的逆反射性能、光度性能、色度性能、抗冲击性能、耐弯曲性能、附着性能、收缩性能、耐候性能、耐溶剂性能及耐高低温性能等均应符合《道路交通反光膜》(GB/T 18833—2012)的相关规定,如图 4-9a)所示。同时,选择反光膜等级时,背景环境影响大、行驶速度快、交通量大的公路宜采用等级高的反光膜;交通量小的公路,根据实际情况可选用较其他公路等级低的反光膜;交通复杂、多车道、横断面变化、视距不良、观察角过大等特殊路段的禁令、警告标志,宜采用比同一条公路其他交通标志等级高的反光膜;门架式标志、悬臂式标志和车行道上方附着式标志宜选用比路侧柱式标志和路侧附着式标志等级高的反光膜;受雨雾等不良天气影响路段的交通标志,宜采用等级高的反光膜。

照明式标志的照明方式包括内部照明和外部照明,均采用白色光源。其中,内部照明是将光源安装于标志板结构内部,通过半透明材料均匀照亮标志图案或底板,分单面显示和两面显示两种;外部照明是将光源(专用灯)安装于标志板上适当位置,照亮标志面,光源显色指数 Ra 一般不应低于 80。照明式标志如图 4-9b)所示。同时,照明式标志的标志面照度应均匀,在夜间具有 150m 以上的视认距离,照明灯具阴影不能影响标志认读,不应造成炫目。

发光式标志也称为主动发光标志,标志面中发光部分采用高亮度发光二极管(LED)等器件或荧光材料制成,非发光部分则采用反光膜类的逆反射材料制成。发光式标志在夜间应具有 150m 以上的视认距离,且频闪应同步,如图 4-9c)所示。

a)逆反射标志 b)照明式标志

c)发光式标志

图 4-9 基于光学特性的标志类型

此外,逆反射标志、照明式标志、发光式标志均应具有良好的耐久性、可靠性、适应性及检修方便性,且不得影响昼夜条件下标志形状、颜色及视认和理解的一致性。

4.2.2.3 静态标志和可变信息标志

静态标志是指通过预先装载于标志板上的一组特定信息(即一组特定的图形、符号或文字)向驾驶员传递交通信息,显示的信息内容固定不变,如图 4-10 所示,在实际工程中应用最为广泛。

图 4-10　长大纵坡事故易发路段涉及的部分静态标志

可变信息标志是一种因交通、道路、气候等状况的变化而改变显示内容的标志,一般可用于显示速度控制、车道控制、道路状况、气候状况及其他内容,主要用于高速公路、城市快速路的交通管理。其显示方式包括高亮度发光二极管(LED)、字幕式、光纤式等,可根据标志功能要求、显示内容、控制方式、环保节能、经济性等因素选择显示方式。图 4-11 为长大纵坡事故易发路段涉及的部分可变信息标志。

图 4-11　长大纵坡事故易发路段涉及的部分可变信息标志

公路上的行车环境常会因天气、自然灾害、交通事故等原因而发生变化,可变信息标志即可将情况及时反映出来告知驾驶员。可变信息标志储存有多种信息,控制人员可根据路上发生的情况,通过遥控装置手动或自动显示其中的某种信息。

4.2.2.4 永久性标志和临时性标志

永久性标志为固定式标志,是指长期固定安装于公路指定位置,不可随意移动的标志,其采用的支撑结构形式包括柱式、悬臂式、门架式和附着式。

柱式包括单柱式和多柱式,单柱式标志板安装在一根立柱上,多柱式标志板安装在两根及以上立柱上,均设置于路侧,如图 4-12a)所示;悬臂式标志板包括单悬臂式和双悬臂式,悬臂式标志板安装于悬臂上,设置于路侧或分流三角端,适用于柱式标志安装困难、道路较宽及交通量较大、视距或视线受限或景观有要求的路段,如图 4-12b)所示;门架式标志板安装在门架上,设置于车行道上方,适用于柱式和悬臂式标志安装困难、多车道需分别指示各车道去向、交通量较大及外侧车道大型车阻挡内侧车道小型车视线等情况路段,如图 4-12c)所示;附着式标志板安装在上跨桥和附近构造物上,按附着板面所处位置不同分为车行道上方附着式和路侧附着式两种,如图 4-12d)所示。

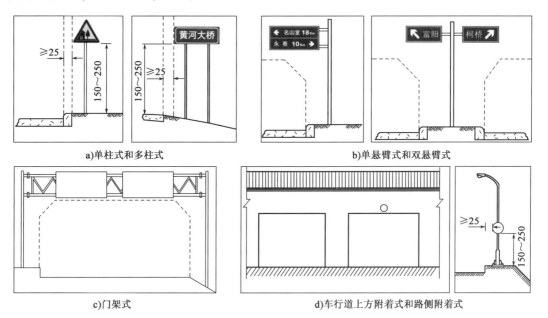

图 4-12 永久性标志(尺寸单位:cm)

实际工程中,永久性标志支撑结构的选取应根据设置位置的交通量、车型构成、车道数、构造物分布、路侧条件及承受的风荷载大小等因素综合确定。需注意,如果标志支撑结构位于路侧净区内,应确保其不对驶离公路的车辆构成危害,否则宜采用解体消能结构或设置相应的防护、警告设施。

临时性标志是指特殊时期(如施工期、运营期养护维修)临时设置的标志,一般具有便于移动的特点,使用完毕后可及时撤除或遮挡。图 4-13 为长大纵坡事故易发路段临时性的警示标志、临时限速标志及安装于工程车后部的移动性作业标志等。

图 4-13 临时性标志

4.2.2.5 必须遵守标志和非必须遵守标志

根据交通标志的类型,从传递信息强制性程度来看,禁令标志和指示标志为驾驶员必须遵守的交通标志,指路标志、旅游区标志等其他标志仅提供信息,不要求必须遵守。同时,禁令标志和指示标志套用于无边框的白色底板上,为必须遵守标志;禁令标志和指示标志套用于指路标志上,仅表示提供相关禁止、限制和遵行信息,只能作为补充说明或预告方式,并应在必要位置设置相应的禁令标志和指示标志。

本节上述对交通标志的作用与分类的详细介绍,为后续高速公路长大纵坡事故易发路段的标志设置研究奠定基础。

4.3 长大纵坡事故易发路段标志设置

下面基于涉及公路交通标志设置的相关标准规定,结合高速公路长大纵坡事故易发路段的线形、交通状况、沿线设施等情况,以确保交通顺畅和行车安全为目标,对长大纵坡事故易发路段标志的设置原则和设置方法进行详细介绍,以利于向驾驶员提供正确、及时的信息,降低事故概率,保障运营安全。

4.3.1 设置原则

针对高速公路长大纵坡事故易发路段,交通标志设置的基本原则如下:

(1)长大纵坡事故易发路段交通标志的设置应以不熟悉公路线形及交通条件,但对出行路线有所规划的公路使用者为设计对象,为其及时提供正确、清晰、简洁的信息,可以满足所有行至该路段驾驶员的使用需求,普适性要好。

(2)交通标志应针对长大纵坡事故易发路段的具体情况,在交通安全综合分析的基础上进行通盘考虑与整体布局,与路段的实际交通运行状况相匹配,实现交通标志全面、系统、连续、均衡的设置目标,避免信息过载、信息不足或内容相互矛盾、有歧义的情况出现。

(3)交通标志的位置应根据标志的类别分别计算确定,应充分考虑公路使用者对标志感觉、识别、理解、行动的特性,根据运行速度和反应时间确定长大纵坡事故易发路段不同交通标志的合理设置位置。

(4)长大纵坡事故易发路段交通标志设置主要以警告和提示标志为主,尽量不设置与该路段无关的标志(如旅游标志),以便提高驾驶员对长大纵坡事故易发路段标志信息的获取效率。

(5)长大纵坡事故易发路段驾驶员精神状态更加紧张、车速容易偏高,驾驶员对标志的醒目性、易读性要求更高,标志板设计中的板面和字体可按照最大标准设计,且极端危险路段可采用"大型图标"的特殊标志传达危险信息。

(6)交通标志一般情况下应设置在长大纵坡事故易发路段行进方向右侧或车行道上方,也可根据具体情况设置在左侧,或左右两侧同时设置。

(7)长大纵坡事故易发路段交通标志不得被上跨桥梁结构、门架、照明设施、监控设施、绿化设施、紧急电话等设施遮挡,避免影响驾驶员对交通标志的视认性。

(8)长大纵坡事故易发路段交通标志的设置不得影响停车视距。

(9)避免交叉口位置交通标志林立,妨碍驾驶员视野。

(10)长大纵坡事故易发路段原则上要避免不同种类的标志并设,如条件受限制无法单独设置时,一个支撑结构上最多不应超过两种标志,且应按禁令、指示、警告的顺序,先上后下,先左后右地排列。

4.3.2 设置方法

为了向驾驶员提供正确、及时的信息,使驾驶员了解长大纵坡事故易发路段的公路线形条件和沿线安全设施的分布情况,指导驾驶员在长大纵坡事故易发路段行驶时进行恰当的操作,减少由于操作不当而导致的交通事故,除设置一般常规性交通标志外,针对长大纵坡事故易发路段特点,建议设置路况描述标志、提示驾驶行为标志、长陡下坡信息标志、局部低限指标路段警告标志、服务设施预告标志、避险车道预告标志等。

4.3.2.1 路况描述标志

为了让驾驶员预先熟悉高速公路长大纵坡事故易发路段的整体路况信息,使其行驶过程中可以采取恰当的操作方式及合理的应对措施,建议在长大纵坡事故易发路段坡顶前及坡中的加水站、停车区、服务区等专供驾驶员检修或休憩的服务区域,设置路况描述标志。路况描述标志一般需要传达的信息内容较多,包括:①运用简洁、形象的图形绘制出长大纵坡事故易发路段平面线形和所处的具体位置;②在平面线形上准确标注出陡坡、避险车道等沿线设施分布的地点桩号;③用文字表示出长大纵坡事故易发路段的长度或剩余长度。图4-14为高速公路长大纵坡事故易发路段路况描述标志示例。

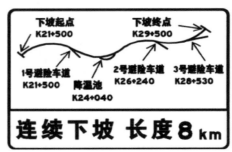

图4-14 高速公路长大纵坡事故易发路段路况描述标志示例

需要强调的是,由于路况描述标志中表达了较多的信息内容,需要给驾驶员足够的时间进行读取和理解,运行中的车辆驾驶员基本无法快速识读,甚至还会因此影响行车安全,故长大纵坡事故易发路段的路况描述不应设置在公路两侧。

4.3.2.2 提示驾驶行为标志

据了解,高速公路长大纵坡事故易发路段事故频发与不当的驾驶行为密切相关。为了更好地提醒驾驶员安全谨慎驾驶和时刻保持警惕,应设置提示驾驶行为标志,通过总结相关应用经验与成果,提示内容大体包括四种类型:①驾驶挡位,如禁止空挡滑行、低挡行驶等;②驾驶速度,如注意控制车速、减速行驶、陡坡慢行等;③通行位置,如大型货车靠右行驶;④危险提示,如事故易发点、危险长下坡大型货车易失控等。图4-15为长大纵坡事故易发路段提示驾驶行为标志示例。

a)驾驶挡位提示

b)驾驶速度提示

c)通行位置提示

d)危险提示

图4-15　长大纵坡事故易发路段提示驾驶行为标志示例

提示驾驶行为标志建议在坡顶上游1～2km处设置、坡顶下游1～2km处设置、坡顶至坡底间每隔2～4km重复设置。此类标志可单独设置,也可与长陡下坡信息标志配合设置,普遍设置于路侧位置,少数设置于行车道上方,可有效提示与警告驾驶员采用正确的驾驶方式和行驶规则,安全通过长大纵坡事故易发路段。

需要强调的是,提示驾驶行为标志中的文字应遵循字数尽量精简的原则,可删去如"××交警提醒"等文字,仅表达最重要信息即可。

4.3.2.3 长陡下坡信息标志

长陡下坡各段间的坡度通常有所差异。调查发现,若两个相邻纵坡坡度差较大,极易给驾驶员造成先下坡后上坡的视觉误差,使驾驶员麻痹大意,不控制车速,甚至加速行驶,极大地增加了制动失效的风险,因此有必要在适当位置增加长陡下坡信息标志,警告驾驶员注意车辆仍处于长陡下坡路段,注意控制车速。

为了让驾驶员充分了解高速公路长陡下坡路段的特征和长度信息,通过总结相关应用经验与成果,对长陡下坡交通标志设置的建议如下:

(1)在坡顶上游 2km 范围内设置长陡下坡路段预告标志,不宜距离坡顶过远以免影响标志可信度,标志内容包括距下坡起点的距离、长陡下坡的坡度及坡长等信息,标志样式可为"前方××m,连续下坡××km""前方连续下坡"等,如图 4-16 所示。

图 4-16　坡顶上游 2km 范围的长陡下坡信息标志

(2)在坡顶下游 500m 范围内,设置含有长陡下坡坡度、坡长信息的告示或警示标志,标志样式可为"连续下坡××km",如图 4-17 所示。

图 4-17　坡顶下游 500m 范围的长陡下坡信息标志

(3)在坡顶下游 1.5km 附近设置货车低挡下坡等告示标志。

(4)在坡顶处,设置长陡下坡路段开始标志,标志样式可为"××km 连续下坡,开始",如图 4-18a)所示;在坡顶下游 3km 至坡底上游 2km 范围内,坡中缓坡路段的适当位置设置长陡下坡剩余长度的警告或告示标志,对于 10km 以上的长陡下坡路段,每隔 3～5km 重复设置,标志样式可为"××km 连续下坡,剩余××km""连续下坡剩余××km",如图 4-18b)所示;在坡底处设置长陡下坡路段结束标志,标志样式可为"××km 连续下坡结束",如图 4-18c)所示。

a)坡顶开始标志　　　　　b)坡中余长标志　　　　　　　　c)坡底结束标志

图 4-18　坡顶、坡顶下游 3km 至坡底上游 2km 范围、坡底的长陡下坡信息标志

4.3.2.4　局部低限指标路段警告标志

长大纵坡事故易发路段局部路段的纵坡、平曲线数值采用低限指标时,增加了公路的危险性。特别是在低限指标前后线形缺乏一致的情况下,驾驶员对前方线形判断较为困难,无法及时采取恰当的操作,从而导致事故发生。因此,需在局部低限指标路段设置与公路条件相符的警告标志和限速标志。其中,平面线形低限指标路段是指经实际调查的运行速度对应的平曲线半径低于《公路工程技术标准》(JTG B01—2014)规定一般最小半径的路段;纵面线形低限指标路段是指纵坡数值大于《公路工程技术标准》(JTG B01—2014)规定最大纵坡数值的路段。

根据相关研究成果,警告标志设置位置应根据速度和路侧具体条件确定,详见表 4-1。

警告标志至危险地点的距离　　　　　　　　　　　表 4-1

计算行车速度(km/h)	100~120	71~99	40~70	<40
标志至危险地点距离(m)	200~250	100~200	50~100	20~50

需要设置警告标志和限速标志的局部低限指标路段主要包括弯坡、急弯、陡坡、反弯、连续弯路和极端危险路段等。

(1)弯坡。当曲线半径及纵坡数值小于《公路工程技术标准》(JTG B01—2014)规定的一般最小半径或相邻路段运行速度差大于 20km/h 的路段,在其前方适当位置宜设置弯坡路段警告标志或"急弯陡坡慢行"的标志样式,如图 4-19 所示;同时,在弯坡路段起点上游适当位置设置限速标志或建议速度标志,在弯坡路段终止下游适当位置设置解除限速标志或建议速度标志。

图 4-19　弯坡路段警告标志

(2)急弯。急弯标志与建议速度标志或限速标志配合使用,设置在计算行车速度小于 60km/h、平曲线半径和停车视距小于表 4-2 规定的圆曲线起点上游,但急弯标志与建议速度标志或限速标志

不应进入相邻的圆曲线内,以警告车辆驾驶员前方有急弯要减速慢行,如图 4-20 所示。

平曲线和停车视距值　　　　　　　　　　　　　　表 4-2

设计速度(km/h)	20	30	40
平曲线半径(m)	20	40	65
停车视距(m)	20	30	40

 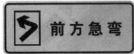    

图 4-20　急弯警告标志、建议速度标志、限速标志

(3)陡坡。在纵坡坡度大于表 4-3 规定时,在纵坡坡脚或坡顶前适当位置设置陡坡警告标志;在纵坡坡度小于表 4-3 规定时,经常发生制动失效事故的下坡路段要也可以根据现场条件设置下陡坡警告指标和限速标志。陡坡警告标志用于提醒车辆驾驶人前方有陡坡,可用辅助标志说明陡坡的坡度和坡长,也可将坡度值标在警告标志图形上,以警告车辆驾驶员前方有陡坡要减速慢行,如图 4-21 所示。

纵坡坡度值　　　　　　　　　　　　　　表 4-3

设计速度(km/h)			20	30	40	60	80	100	120
纵坡坡度(%)	上坡	海拔 3000m 以下	7	7	7	6	5	4	3
		海拔 3000~4000m	7	7	6	5	4		
		海拔 4000~5000m	7	6	5	4	4		
		海拔 5000m 以上	6	5	4	4	4		
	下坡		7	7	7	6	5	4	3

图 4-21　陡坡警告标志、辅助标志、限速标志

(4)反弯。反弯警告标志与建议速度标志或限速标志配合使用,设置在计算行车速度小于 60km/h,两相邻反向圆曲线半径均小于或其中一个半径小于表 4-2 规定,且两相邻反向圆曲线的距离不大于表 4-4 规定的曲线段起点上游,但反弯警告标志与建议速度标志或限速标志不得进入相邻圆曲线内,以警告车辆驾驶员前方有反向弯路要减速慢行,如图 4-22 所示。

两反向圆曲线间距离值　　　　　　　　　　　　表 4-4

设计速度(km/h)	20	30	40
两反向圆曲线间距离(m)	40	60	80

图 4-22　反弯警告标志和建议速度标志

（5）连续弯路。连续弯路警告标志设置在计算行车速度小于 60km/h，连续有三个或三个以上反向平曲线，其圆曲线半径均小于或有两个半径小于表 4-2 规定，且各圆曲线间的距离均不大于表 4-4 规定的连续弯路起点上游，当连续弯路总长度大于 500m 时，应重复设置。连续弯路警告标志可与建议速度标志或限速标志配合使用，也可与说明连续弯路长度的辅助标志共同使用，以警告车辆驾驶员前方有连续弯路要减速慢行，如图 4-23 所示。

图 4-23　连续弯路警告标志、建议速度标志、限速标志、辅助标志

（6）极端危险路段。在连续下坡路段，因局部路段线形缺陷，例如急弯接陡坡、长下坡末端接急弯而导致事故集中路段，可设置"大型图标"标志（图 4-24）来突出公路危险，利用视觉刺激提示驾驶员极端危险路段，应谨慎行驶。大型图标标志在长大纵坡事故易发路段应避免频繁使用，以防降低标志可信度。同时，在极端危险路段起始点设置限速标志或建议速度标志，终止点设置解除限速标志或建议速度标志。

图 4-24　极端危险路段"大型图标"标志

4.3.2.5 沿线服务设施预告标志

高速公路沿线服务设施包括加水站、降温池、紧急停车带、停车区和服务区等。为了充分发挥沿线服务设施的功能与作用，有效引导大型货车合理使用沿线服务设施，应在服务设施前方设置预告标志。

(1) 加水站和降温池预告标志。

高速公路长大纵坡事故易发路段的加水站和降温池可设置三级预告，建议在加水站和降温池上游1km、上游500m和入口处分别设置预告标志，且加水站旁设置指示标志，如图4-25a)和图4-25b)所示。需强调的是，如果实际工程现场设置条件受限，可适当调整预告标志设置位置；如果加水站和降温池为免费服务设施，可利用辅助标志加以说明，以吸引大型货车驾驶员进行加水，充分做好下坡准备；如果路段要求强制加水，可在预告标志前增加如"强制加水"的警告标志，如图4-25c)所示。

a) 标志样式示例

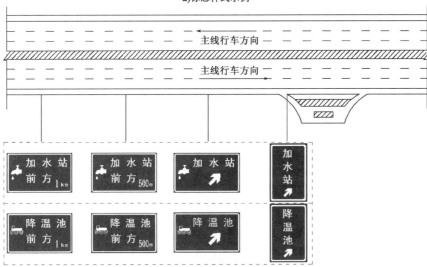

b) 设置位置

c) 工程应用示例

图4-25 加水站和降温池预告标志

(2)停车区和服务区预告标志。

高速公路长大纵坡事故易发路段的停车区和服务区可设置三级预告,即在停车区和服务区上游1km、上游500m和入口处分别设置预告标志,提醒大型货车驾驶员前方还有较长的连续下坡路段,而下游停车区或服务区距离较远或无停车区,不要错过此处停车的机会,如图4-26a)和图4-26b)所示。需强调的是,如果实际工程现场设置条件受限,可适当调整预告标志设置位置;如果某路段强制大型车自检,可在预告标志前设置如"前方长下坡 大型车必须进站自检"的预告警示标志,如图4-26c)所示。

a)标志样式示例

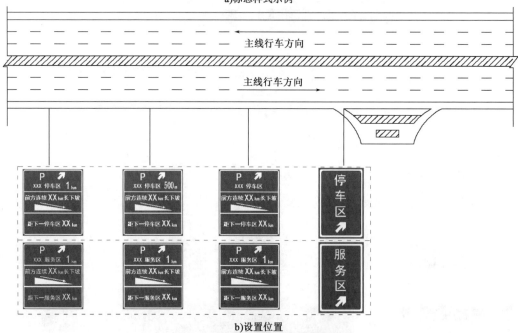

b)设置位置

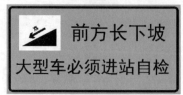

c)预告警示标志

图4-26 停车区和服务区预告标志

4.3.2.6 避险车道标志

避险车道是供制动失效车辆使用的专用车道。为了更好地提示与引导失控车辆驾驶员正确使用避险车道,结合相关应用经验,需要设置避险车道告示标志、预告标志、指示标志、禁令标志和其他标志。

(1)告示标志。

为了使驾驶员(尤其货车驾驶员)了解前方避险车道的设置情况,让制动失效车辆可以及时顺利地进入避险车道,可在沿线服务区、停车区及加水站等服务设施点内设置避险车道告示标志,示例如图 4-27 所示。告示标志的内容包括避险车道的数量、桩号位置以及使用注意事项等,并且为了帮助驾驶员科学安全地使用避险车道,还可在使用注意事项中告知驾驶员在什么情况下使用避险车道以及进入避险车道过程中怎样正确操作车辆,明确指出避险车道具有一定的设计条件,特别强调避险车道仅供制动失效货车使用。

图 4-27 避险车道告示标志

(2)预告标志。

为了告知驾驶员下游避险车道的位置,提醒失控货车驾驶员注意使用避险车道并做好必要的准备,在避险车道上游位置应设置预告标志。对于有条件的路段,需要设置四级预告,即在避险车道上游 2km、上游 1km、上游 500m、引道入口处设置四块预告标志;对于条件受限的路段,至少需要设置三级预告,即在避险车道上游 1km、上游 500m、引道入口处设置三块预告标志,且避险车道旁设置指示标志,如图 4-28a)~图 4-28c)所示。需强调,实际工程中存在非失控车辆误入避险车道的情况,为了起到更有效的预防效果,引道入口处的标志亦可采用"失控货车 避险车道"的标志样式,强化避险车道用途,对失控货车和正常行驶车辆的驾驶员均起到提醒作用,如图 4-28d)所示。

a)标志样式示例

图 4-28

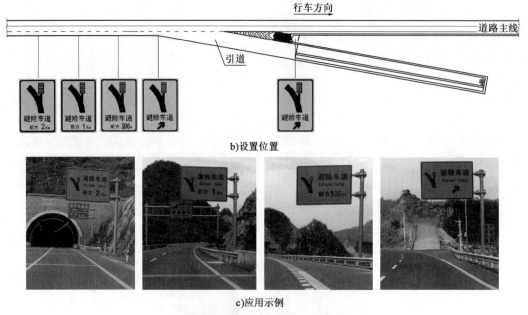

b) 设置位置

c) 应用示例

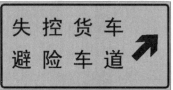

d) 引道入口处强化用途的标志样式示例

图 4-28 避险车道预告标志

当长大纵坡事故易发路段沿线设置多个避险车道时，为更好地预告避险车道的数量或间距，使驾驶员充分了解多个避险车道的设置情况，合理使用避险车道，可在同一标志上体现多个避险车道的设置间距，或者体现出避险车道总数及当前避险车道位置，如图 4-29 所示。需强调。标志设置时，应充分考虑版面显示内容，避免信息过载。

a) 显示距离

b) 显示数量及当前位置

图 4-29 多个避险车道预告方式示例

(3) 指示标志。

一般来说，避险车道旁边会设置一条救援车道，救援车道仅供施工、救援车辆使用，并未铺设减速消能集料，无法为失控车辆提供避险功能。根据相关调研发现，实际工程中存在失控车辆误入救援车道的情况，为了预防类似事故的发生，正确引导车辆，应在避险车道和救援车道入口前分别对应设置车道指示标志，且救援车道标志上还应体现"禁止驶入"的信息，如图4-30b)所示。

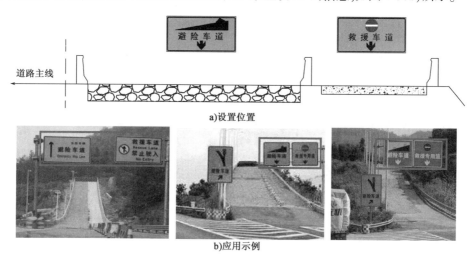

图 4-30　避险车道内车道指示标志

(4) 禁令标志。

根据相关调研资料，一些驾驶员由于缺乏对避险车道的了解，把避险车道引道位置当作紧急停车带或港湾式停靠站使用，在引道内停车的情况屡见不鲜，严重影响避险车道的安全使用，大大增加事故风险。为此，应在避险车道引道入口处设置"禁止停车"的禁令标志，并配合如"失控车辆专用"的告示标志一起使用，如图4-31所示。

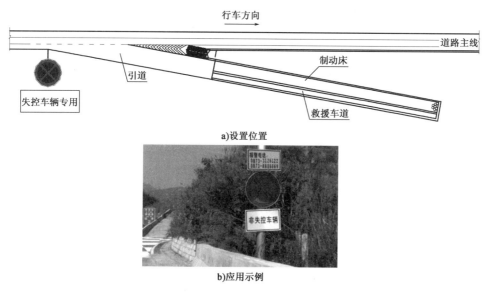

图 4-31　避险车道禁令与告示标志

(5)其他标志。

为了让驶入避险车道的事故车辆及时得到救助,避免二次事故的发生,可在避险车道入口或末端位置设置救援信息标志。救援信息标志一般有两种展现方式(图4-32):一种是有详细的施救程序(如离开车辆—稳定情绪—拨打电话—拖走车辆),有利于指导驾驶员对车辆驶入避险车道这种紧急情况的应对与处理;另一种是仅有救援电话,让驾驶员及时找到联络出口,尽快得到事故救援。

图4-32 避险车道救援信息标志

在失控车辆驶入避险车道后,为避免其他失控车辆进入造成二次事故,应及时发布避险车道被占用的相关信息,一般在避险车道上游500m处设置可变信息标志进行信息发布,如图4-33所示。

此外,避险车道系列标志设置过程中,应注意避免标志遮挡驾驶员视线(图4-34),使驾驶员看不清避险车道全貌,对其心理造成不利影响。

图4-33 避险车道关闭信息发布标志　　　图4-34 标志遮挡驾驶员视线

第5章 长大纵坡事故易发路段交通标线设置研究

5.1 概 述

交通标线是由施划或安装于公路上的各种线条、箭头、文字、图案及立面标记、实体标记、突起路标和轮廓标等所构成的交通设施,可向驾驶员传递有关公路交通的规则、警告、指引等信息,可与标志配合使用,也可以单独使用,是引导驾驶员视线、管制驾驶员驾驶行为的重要设施,对保障公路交通运营安全起到非常重要的作用。然而,一些高速公路长大纵坡事故易发路段存在交通标线设置混乱(图5-1)、影响路容、缺乏系统性等问题,极易导致驾驶员出现视觉疲劳,甚至影响行车安全。

图5-1 部分路段交通标线设置混乱

为此,本章在较为全面地介绍交通标线作用及分类的基础上,结合高速公路长大纵坡事故易发路段的事故特点,总结交通标线在长大纵坡事故易发路段上应用的相关经验,提出长大纵坡事故易发路段交通标线的合理设置方法,实现为公路使用者提供出行诱导和信息服务,提高长大纵坡事故易发路段的运营安全水平。

5.2 交通标线的作用与分类

5.2.1 交通标线的作用

交通标线的主要作用包括实现交通分离、渠化交通、提示前方路况与正确引导交通、作为

执法依据四个方面,具体如下:

(1)实现交通分离。通过车道分界线等交通标线,可使高速公路长大纵坡事故易发路段不同车型(如小型客车、大型客车、大型货车)按照规定车道有序分道行驶,弱化不利影响,降低事故概率,提高通行效率。

(2)渠化交通。通过导流线等交通标线,可渠化匝道出入口交通,引导高速公路长大纵坡事故易发路段各种车辆按标线所示方向行驶,疏导交通,减少冲突点,保障交通安全。

(3)提示前方路况与正确引导交通。通过路面文字标记、导向箭头、车行道边缘线、减速标线等交通标线,将长大纵坡事故易发路段公路状况和特点显示给驾驶员,不仅可提醒驾驶员注意,而且对驾驶员起到指引方向的作用,保障行车安全。

(4)作为执法依据。交通标线不仅使长大纵坡事故易发路段驾驶员的驾驶行为更为规范化,而且也是对交通违法行为及交通事故进行处理的法律依据。

5.2.2 交通标线的分类

交通标线在公路交通管理中占有十分重要的地位,交通标线的形式有白色虚线、白色实线、黄色虚线、黄色实线、双白虚线、双白实线、白色虚实线、双黄实线、双黄虚线、黄色虚实线、橙色虚实线、蓝色虚实线及其他,每种形式标线的含义如下,对应的交通标线样式如图5-2所示。

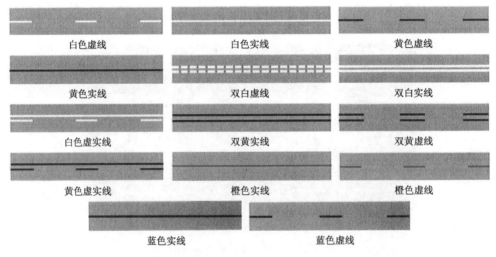

图5-2 交通标线样式

(1)白色虚线:划于路段中时,用以分隔同向行驶的交通流;划于路口时,用以引导车辆行进。

(2)白色实线:划于路段中时,用以分隔同向行驶的机动车、机动车和非机动车,或指示车行道的边缘;划于路口时,用作导向车道线或停车线,或用以引导车辆行驶轨迹;划为停车位标线时,指示收费停车位。

(3)黄色虚线:划于路段中时,用以分隔对向行驶的交通流或作为公交车专用车道线;划于交叉口时,用以告示非机动车禁止驶入的范围或用于连接相邻道路中心线的路口导向线;划于路侧或缘石上时,表示禁止路边长时停放车辆。

(4)黄色实线:划于路段中时,用以分隔对向行驶的交通流或作为公交车、校车专用停靠站标线;划于路侧或缘石上时,表示禁止路边停放车辆;划为网格线时,表示禁止停车的区域;划为停车位标线时,表示专属停车位。

(5)双白虚线:划于路口,作为减速让行线。

(6)双白实线:划于路口,作为停车让行线。

(7)白色虚实线:用于指示车辆可临时跨线行驶的车行道边缘,虚线侧允许车辆临时跨越,实线侧禁止车辆跨越。

(8)双黄实线:划于路段中,用以分隔对向行驶的交通流。

(9)双黄虚线:划于城市道路路段中,用于指示潮汐车道。

(10)黄色虚实线:划于路段中时,用以分隔对向行驶的交通流,实线侧禁止车辆越线,虚线侧准许车辆临时越线。

(11)橙色虚、实线:用于作业区标线。

(12)蓝色虚、实线:作为非机动车专用道标线;划为停车位标线时,指示免费停车位。

(13)其他:路面线条、图形、图案、文字、符号、凸起路标、轮廓标等。

交通标线的分类方法有很多种,通常按照标线的设置方式、功能、形态及材料进行分类,下面进行详细介绍。

5.2.2.1 标线设置方式

交通标线按照设置方式可分为纵向标线、横向标线、其他标线三种类型。

(1)纵向标线。

纵向标线是指沿公路行车方向设置的各种标线,包括同向车行道分界线、对向车行道分界线、车行道边缘线、车行道纵向减速标线、导向车道线、潮汐车道线、车行道宽度渐变段标线及接近障碍物标线等。其中,高速公路长大纵坡事故易发路段主要涉及的纵向标线为同向车行道分界线、车行道边缘线、车行道纵向减速标线三种类型,表达不同的含义。

①同向车行道分界线:用于分隔同向行驶的交通流,设在同向行驶的车行道分界处。同向车行道分界线包括可跨越和禁止跨越两种类型,表达不同的含义。

可跨越同向车行道分界线为白色虚线,在保证安全的情况下,允许车辆短时越线行驶,一般线宽为10cm或15cm,设计速度不小于60km/h的公路,线段及间隔长度分别为600cm和900cm,如图5-3a)所示;禁止跨越同向车行道分界线为白色实线,禁止车辆跨越车行道分界线进行变换车道或借道超车,一般线宽为10cm或15cm,可采用振动标线的形式,如图5-3b)所示。

②车行道边缘线:用于指示车行道边缘,设置在公路两侧紧靠车行道的硬路肩内,未设置硬路肩的公路车行道边缘线设置在公路两侧紧靠车行道的外边缘处。车行道边缘线包括白色实线、白色虚线、白色虚实线三种类型,表达不同的含义。

车行道边缘白色实线表示禁止车辆跨越的车行道边缘,一般线宽为15cm或20cm,可采用振动标线的形式,如图5-4a)所示;车行道边缘白色虚线表示车辆可临时越线行驶的车行道边缘,如出入口、允许车辆停车路段等,跨越边缘虚线行驶的车辆应避让其他正常行驶的车辆,一般线宽为15cm或20cm,线段及间隔长度分别为200cm和400cm,如图5-4b)所示;车行道边缘白色虚实线表示虚线侧允许车辆越线行驶,实线侧不允许车辆越线行驶,如公交车站临近路段、允许路边停车路段等,跨越行驶的车辆应避让其他正常行驶的车辆,一般线宽为15cm或20cm,虚实线间距为15~20cm,虚线线段及间距分别为200cm和400cm,如图5-4c)所示。

图 5-3　同向车行道分界线(尺寸单位:cm)

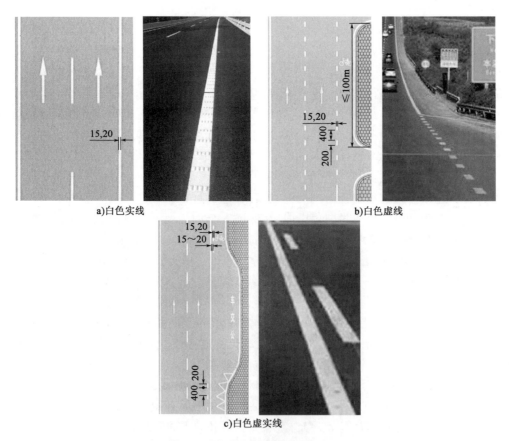

图 5-4　车行道边缘线(尺寸单位:cm)

③车行道纵向减速标线:为一组平行于车行道分界线的菱形块虚线,用于指示车行道边缘,警告驾驶员前方减速慢行。车行道纵向减速标线尺寸如图 5-5a)所示,在其起始位置设 30m 渐变段,菱形块虚线由窄变宽,渐变段尺寸如图 5-5b)所示,设置示例如图 5-5c)所示。

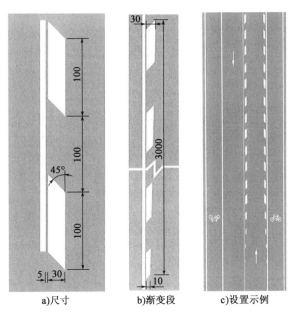

图 5-5　车行道纵向减速标线(尺寸单位:cm)

当路段车辆平均运行速度较高、大型车混入率相对较低时,可采用车行道纵向减速标线。一般设置于弯路、坡路、隧道洞口前、长下坡路段及其他需要减速的路段前或路段中的行车道内。图 5-6 为车行道纵向减速标线实际设置效果。需要强调的是,车行道纵向减速标线的应用必须注意排水和防滑,减速标线的设置宜与限速标志或解除限速标志相互配合。

图 5-6　车行道纵向减速标线实际设置效果

(2)横向标线。

横向标线是指与公路行车方向交叉设置的标线,包括人行横道线、车距确认线、收费广场减速标线、车行道横向减速标线、停止线、停止让行线、减速让行线等。其中,高速公路长大纵坡事故易发路段主要涉及的横向标线为车距确认线、收费广场减速标线、车行道横向减速标线三种类型。

①车距确认线:用于车辆驾驶员保持行车安全距离的参考,视需要设置于较长直线段、易

发生追尾事故或其他需要的路段,应与车距确认标志配合使用。车距确认线包括白色折线和白色半圆状两种类型。

白色折线车距确认线设置于经常发生超车、追尾事故的高速公路或一级公路路段,标线总宽300cm,线条宽40cm或45cm,从确认基点0m开始,每隔5m设置一道标线,连续设置两道为一组,间隔50m重复设置五组,也可在较长路段内连续设置多组,如图5-7a)所示;白色半圆状车距确认线设置于气象条件复杂、交通量较大、大型车混入率较高等影响行车安全的路段两侧,半圆半径为30cm,间隔50m设置,一般在一定路段内连续设置,如图5-7b)所示。

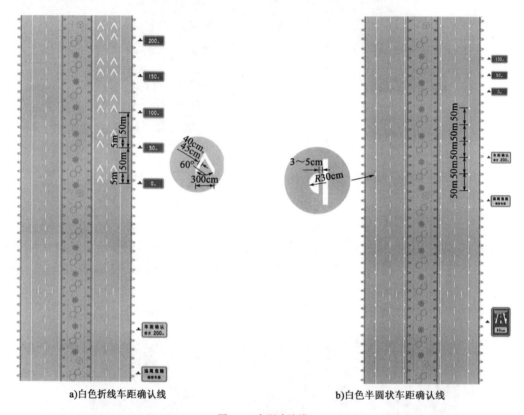

a)白色折线车距确认线　　　　　　　　b)白色半圆状车距确认线

图5-7　车距确认线

②收费广场减速标线:设置于收费广场及其前部适当位置,为白色反光虚线,用于警告驾驶员前方减速慢行,根据设置位置的不同,可以是单虚线、双虚线或三虚线,垂直于行车方向设置。

收费广场减速标线应按以下原则配置:使驶向收费车道的车辆通过各标线间隔的时间大致相等,以利于行驶速度逐步降低,减速度一般设计为$1.8m/s^2$;第一道减速标线设置于距广场中心线50m的地方,其余标线按表5-1的规定设置,且视收费广场长度、景观及管理需求,减速标线设置数量以5道(最少)~12道(最多)为宜。图5-8表示收费广场减速标线尺寸及设置示例。需要强调的是,收费站减速标线的应用必须注意标线的排水和防滑,可采用振动标线的形式,覆盖所有车行道。

收费广场减速标线设置参数　　　　　　　　　　表 5-1

减速标线	第一道	第二道	第三道	第四道	第五道	第六道	第七道	第八道	第九道	第十道	第十一道	第十二道及以上
间隔（m）	$L_1=5$	$L_2=9$	$L_3=13$	$L_4=17$	$L_5=20$	$L_6=23$	$L_7=26$	$L_8=28$	$L_9=30$	$L_{10}=32$	$L_{11}=32$	32
标线虚线重复次数	1	1	2	2	2	2	3	3	3	3	3	3

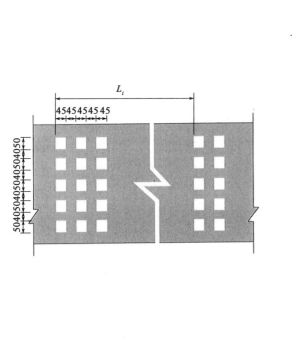
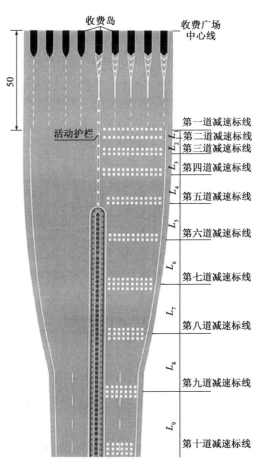

a) 减速标线尺寸　　　　　　　b) 减速标线设置示例

图 5-8　收费广场减速标线(尺寸单位:cm)

③车行道横向减速标线:为一组垂直于车道中心线的白色标线,用于警告驾驶员前方减速慢行,线宽 45cm,线与线间距 45cm,设置间隔应使车辆通过各标线间隔的时间大致相等,以利于行驶速度逐步降低;减速度一般设计为 $1.8\mathrm{m/s^2}$,可按表 5-2 的规定设置。图 5-9 表示车行道横向减速标线的尺寸及设置示例。

车行道横向减速标线设置参数 表 5-2

减速标线	第二道	第三道	第四道	第五道	第六道	第七道	第八道	第九道	第十道及以上
间隔（m）	$L_1=17$	$L_2=20$	$L_3=23$	$L_4=26$	$L_5=28$	$L_6=30$	$L_7=32$	$L_8=32$	32
标线条数	2	2	2	2	2	3	3	3	3

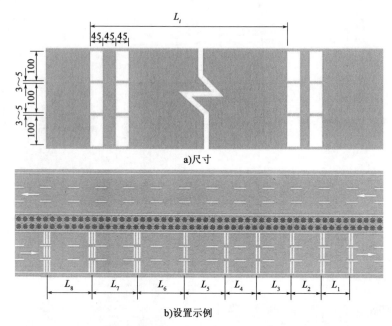

图 5-9 车行道横向减速标线（尺寸单位：cm）

当路段车辆平均运行速度低于 80km/h 时，可采用车行道横向减速标线。车行道横向减速标线一般设置于弯路、坡路、隧道洞口前、长下坡路段及其他需要减速的路段前或路段中的行车道内，图 5-10 为车行道横向减速标线的实际设置效果。需要强调的是，车行道横向减速标线的应用亦需注意排水和防滑，可采用振动标线的形式，减速标线的设置宜与限速标志或解除限速标志相互配合，可视情况需要，覆盖所有车行道或设置于某一条或几条特定车道内。

图 5-10 车行道横向减速标线实际设置效果

（3）其他标线。

其他标线是指除纵向标线和横向标线以外的，设于路面或构造物上的各种字符标记和其他形式标线,包括道路出入口标线、停车位标线、停靠站标线、减速丘标线、导向箭头、路面文字标记、路面图形标记、导流线、网状线、车种专用车道线、禁止掉头(转弯)线、立体标记、实体标记等。其中,涉及高速公路长大纵坡事故易发路段的标线主要为导向箭头、路面文字标记和车种专用车道线。

①导向箭头:用以指示车辆的行驶方向,一般设置于行驶方向受限制的交叉入口车道内、车道数减少路段的缩减车道内、设有专用车道的交叉口或路段、畸形复杂的交叉口及渠化后的车道内。导向箭头的颜色为白色,可根据实际车道导向需要设置,组合使用时不宜超过两个方向。在设计速度不大于40km/h的公路,采用总长为3m的导向箭头体系;设计速度大于40km/h而小于100km/h的公路,采用总长为6m的导向箭头体系;设计速度大于或等于100km/h的公路,采用总长为9m的导向箭头体系。

同时,在互通立体交叉口驶入段和驶出段的导向车道内,应有导向箭头标明车道行驶方向,导向箭头长度、重复设置次数按照表5-3选取。出口导向箭头应以减速车道渐变点为基准点,间距50m;入口导向箭头应以加速车道起点为基准点,间距视加速车道长度而定,可设三组或二组。

导向箭头长度及重复设置次数 表5-3

设计速度(km/h)	120、100	80、60	40、30、20
导向箭头长度(m)	9	6	3
重复设置次数	≥3	3	≥2

②路面文字标记:利用路面文字指示或限制车辆行驶的标记,包括道路行驶方向的指示信息、特定时间段指示信息、出口提示信息等内容;应沿车辆行驶方向由近及远竖向排列,数字标记沿车辆行驶方向横向排列。

路面文字标记的高度应根据公路设计速度确定,除特殊规定外,公路路面文字标记规格应符合表5-4的规定。

公路路面文字标记规格 表5-4

设计速度(km/h)	字高(cm)	字宽(cm)	纵向间距(cm)
120、100	900	300	600
80、60	600	200	400
40、30、20	300	100	200

速度限制标记(即限速标记)表示车辆行驶的限制车速,用于需要限制车辆最高行驶速度或最低行驶速度的车道起点和其他适当位置。表示最高限速值数字的颜色为黄色,可单独使用;表示最低限速值数字的颜色为白色,应和最高限速值数字同时使用。限速标记数字高度按照表5-4选取,标记字符如图5-11a)所示,设置示例如图5-11b)所示。

需要设置路面限速标记且易发生事故的地点,也可将最高限速的标志版面图形施划于路面作为路面限速提示用标记。该标记应为反光标记且应与限速标志配合使用,并应注意应用抗滑的标线材料。施划于路面的限速标志版面图形为长短轴之比为2.5∶1的椭圆形,长轴与行车方向平行,长轴最长不超过6m,其他尺寸按照表5-4的规定选择,示例如图5-12所示。

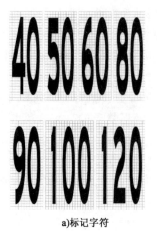 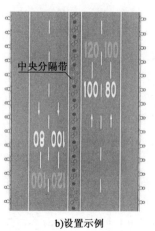 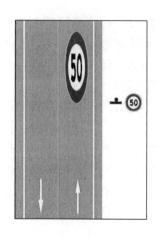

a) 标记字符　　　　　　　b) 设置示例　　　　　　　　　

图 5-11　路面限速标记　　　　　　5-12　路面限速标记设置示例

③车种专用车道线:用于限定使用车行道的车辆种类。小型车专用车道线是在车行道内施划"小型车"路面文字,表示该车行道为小型车专用车道,如图 5-13a)所示;大型车道标线是在车行道内施划"大型车"路面文字,表示大型车应在该车道内行驶,如图 5-13b)所示。路面文字的汉字字高、字宽、纵向间距按表 5-4 的规定确定。

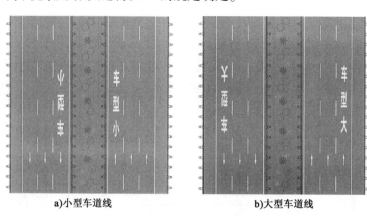

a) 小型车道线　　　　　　　　　　b) 大型车道线

图 5-13　车种专用车道线

5.2.2.2　标线功能分类

交通标线按照功能可分为指示标线、禁止标线、警告标线三种类型。

(1)指示标线。指示标线是指具有指示车辆行驶、限制速度、停车、等待、行进方向、车道变更、人行横道和公路出入等功能的交通标线。如可跨越对向车行道分界线、可跨越同向车行道分界线、车行道边缘线、潮汐车道、左弯待转区线、路口导向线、导向车道线、人行横道线、车距确认线、道路出入口标线、停车位标线、停靠站标线、减速丘标线、导向箭头、路面文字和图形标记等。

(2)禁止标线。禁止标线是指具有禁止车辆跨越行驶、车辆停放、车辆超过、车辆通过和使用等禁止功能的交通标线。禁止标线是告示驾驶员道路交通的遵行、禁止、限制等特殊规定的交通标线,包括禁止跨越对向车行道分界线、禁止跨越同向车行道分界线、禁止停车线、停止线、停车让行线、减速让行线、导流线、网状线、专用车道线、禁止掉头(转弯)线等。

(3)警告标线。警告标线是具有警示、告知功能,促使车辆驾驶员员及时了解路面(车行道)宽度变化、路面障碍物、减速路段、铁路道口等特殊情况,提高警觉,预先做好防范应变措施的交通标线。警告标线包括路面(车行道)宽度渐变段标线、接近障碍物标线、铁路平交道口标线、减速标线、立面标记和实体标记等。

5.2.2.3 标线形态分类

交通标线按照形态可分为线条、字符、突起路标、轮廓标四种类型。

(1)线条:施划于路面、缘石或立面上的实线或虚线。

(2)字符:施划于路面上的文字、数字及各种图形、字符。

(3)突起路标:安装于路面上用于标示车行道分界、边缘、分合流、弯道、危险路段、路宽变化、路面障碍位置的反光和不反光体,其形状较为多样,典型示例如图5-14所示。一般要求高速公路车行道边缘线,一级公路互通式立体交叉、服务区、停车区路段的车行道边缘线,互通式立体交叉匝道出入口路段,宜设置突起路标;隧道车行道分界线宜设置突起路标;高速公路车行道分界线、一级公路车行道边缘线及分界线、纵向减速标线可设置突起路标;突起路标可单独设置成车行道边缘线和车行道分界线。

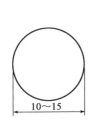
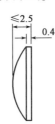

图5-14 突起路标形状典型示例(尺寸单位:cm)

(4)轮廓标。安装于道路两侧,用以指示道路边界轮廓、道路的前进方向的反光柱(或反光片)。

5.2.2.4 标线材料分类

用于公路交通标线的涂料,一是要求干燥时间短、操作简单、利于施工,以减少交通干扰;二是要求反射能力强、色彩鲜明、反光度高,以使白天、夜晚及雨天都具有良好的视认性;三是要有良好抗滑性和耐磨性,以保证行车安全和标线使用寿命。按照标线材料本身的特性,分为溶剂型涂料标线、热熔型涂料标线、水性涂料标线、双组分涂料标线、预成形标线带及其他涂料标线。

(1)溶剂型涂料标线。

溶剂型涂料标线可分为常温型和加热型两类;常温型是一种早期出现的传统标线涂料,涂料为液态,含有大量的易挥发性溶剂,固体成分一般在60%~70%之间,多采用喷涂方式施工,采用的树脂有酯胶、氯化橡胶、改性醇酸、丙烯酸树脂等,我国主要采用丙烯酸树脂;加热型是对常温型的改进,提高固体含量至85%以上,施工时需要对涂料进行加热。

该类涂料干燥慢、使用寿命短、成本低,在我国城市公路及一般公路上广泛使用。

(2)热熔型涂料标线。

热熔型涂料标线是指由热塑性树脂、颜色填料和添加剂等混合而成。物理形态为固态,施工时将涂料加热熔化(温度控制在180～220℃)成熔融状态,再涂敷于路面,随后自然冷却成固体附着于路面。该类涂料干燥快、涂膜厚、使用寿命长、反光持续性好,在各种路面上均显现出极强的附着力,性能稳定,色度、亮度及反光度可长久保持,在我国高等级公路中占较大应用比例。

热熔型涂料标线按照施工方式不同分为刮涂型、喷涂型、振荡型三种。热熔刮涂标线材料是我国公路标线涂料中用量最大的一种,所需施工设备相对简单,涂膜厚度控制在1.5～2.5mm之间,是一种耐久性标线材料;热熔喷涂型标线材料在传统热熔标线材料的基础上,改进涂料本身的特性,使涂料在熔融后黏度小,易于喷涂,涂膜厚度可控制在0.8～1.2mm之间,可以节省材料,降低造价;热熔振荡型反光标线涂料是在热熔型的基础上发展而来,主要通过对原有热熔型标线涂料流体特性的改进,使其在熔融状态下有优良的触变性能,采用挤出式专用设备施工,在标线表面形成有规则或无规则的凹凸块,使标线具有振动功能和雨夜反光功能,可用于减速、振动、警示等,形式有排骨式、圆点式、雨槽式,目前在高速公路上的减速线、边缘线中得到广泛应用。

(3)水性涂料标线。水性涂料标线也叫作水基型标线,以水为溶剂,以水溶性或水乳性树脂作为基料,并配以其他颜料、填料、助剂组合而成。水性涂料标线与溶剂型标线不同之处在于以水为溶剂,靠水蒸发成膜,多采用喷涂方式施工,是一种环保涂料。

(4)双组分涂料标线。双组分公路标线涂料又称为反应型公路标线材料,通常以环氧树脂、聚脲树脂、聚氨酯树脂、低分子量具有反应活性的甲基丙烯酸甲酯(MMA)为基料。施工时,不同组分按照一定比例进行混合并涂敷于路面,两组分进行交联固化,反应面形成一层耐久性涂层,与其他材料的最大不同之处在于成膜时通过化学反应而固化,其他材料为物理固化。双组分涂料标线属于耐久性标线,主要施划方式为喷涂,膜厚0.5～0.7mm,也可采用刮涂,膜厚为1.5～2mm,具有反光性能优良、使用寿命长的优点,但价格偏高、施工要求严格。

(5)预成形标线带。预成形标线带是指在工厂里预先将标线材料制作成形,标线带表面嵌入玻璃微珠,可反光,标线带有背胶,可直接粘贴在干净的水泥或混凝土路面上。预成形标线带可分为两类:一种是永久性标线带,使用寿命长,只能使用一次,一旦粘贴于路面,便长期使用,直到磨损完;另外一种是临时性标线带,使用寿命短,使用一段时间后可撕下来,主要用于临时使用,便于清除。预成形标线带一般成卷生产和运输,这种标线优点是节省材料,施工简单,没有开裂和接缝问题,缺点是造价高,主要用于公路上文字、箭头、图案等的施工。预成形标线带的技术要求应符合《道路预成形标线带》(GB/T 24717—2009)和《路面标线用玻璃珠》(GB/T 24722—2020)的规定。

(6)其他涂料标线。

①热熔型防滑公路标线涂料。防滑涂料黏结剂通常采用耐候性和机械性能较好的醇酸树脂、胶、酚醛树脂或改性环氧树脂,其中掺以硬而大的粒子,如石英砂或类似物质。这些填充剂粒大而突出于表面,产生较大的摩擦力,从而达到防滑的目的。

②溶剂型彩色防滑标线。溶剂型(聚氨酯、丙烯酸)彩色防滑标线涂料,防滑系数高,主要有白色、黄色、红色等,用作高速公路路面文字箭头、车距确认标线、隧道洞口及弯道,防止车辆打滑,确保车辆安全行驶,使用寿命达12～24个月。

③(环氧树脂型)彩色防滑标线:采用室温固化或加热固化,黏度非常低,混合后寿命长,

操作性好,适合于黏结多种不同的基底材料,如玻璃、石英、金属、多种塑料等。环氧树脂型彩色防滑标线多适用于室内地坪漆以及水泥路面,因其耐候性差,一般不应用于室外,但环氧树脂型彩色防滑标线经过改性也开始在国内高速公路上应用,其缺点是对沥青路面附着力略差。

④聚氨酯双组分抗污标线涂料:在无溶剂双组分冷塑性标线涂料基础上开发出的新一代改性聚氨酯低溶剂高固体抗污染标线涂料。且同以往双组分产品的区别在于,在高性能的改性聚氨酯树脂中添加超细的填充物,使涂料表面密实度大大提高,从而提高标线的抗污染性能,具有干燥快、耐磨损、抗污染、耐候性好、与路面的附着力良好的特点。

⑤热熔雨夜反光标线涂料。采用高附着力雨夜反光珠,在原有热熔的基础上内掺雨夜反光珠和表面撒上雨夜反光珠,大大提高路面标线的逆反射系数,提高标线在雨天和潮湿状态下的标线反光性能,降低交通安全事故发生概率。

通过本节对交通标线的作用与分类的详细介绍,为后续高速公路长大纵坡事故易发路段标线设置研究奠定基础。

5.3 长大纵坡事故易发路段交通标线设置

下面基于涉及公路交通标线设置的相关标准规定,结合高速公路长大纵坡事故易发路段的线形、交通状况、沿线设施等情况,提出长大纵坡事故易发路段交通标线的合理设置方法,为公路使用者提供出行诱导和信息服务。

5.3.1 设置原则

针对高速公路长大纵坡事故易发路段,交通标线设置的基本原则如下:

(1)长大纵坡事故易发路段交通标线的设置应根据公路等级、路幅宽度、交通组织及其流量大小、交通管理措施等情况,合理地利用公路有效面积。

(2)长大纵坡事故易发路段交通标线应与交通标志等其他设施配合使用,相辅相成,其含义不得相互矛盾。

(3)长大纵坡事故易发路段交通标线设置应以不熟悉周围路网体系的公路使用者为设计对象,为其提供清晰、明确、简洁的信息,并使其具有足够的发现、认读和反应时间,避免对驾驶员产生不利影响。

(4)实际应用过程中,应根据公路环境及交通特点,选择合适的交通标线类型进行合理设置,同一路段使用的交通标线种类不宜超过三种,否则易造成驾驶员视觉混乱,不利警示信息的准确传达,影响公路行车安全。

(5)长大纵坡事故易发路段交通标线可结合实际情况设置彩色防滑标线、横向或纵向减速标线、振动型标线等新型标线,一般设置于需要减速的路段前和路段中的行车道内。

(6)长大纵坡事故易发路段连续设置的纵向或横向交通标线,应根据需要每隔10~15cm设置排水缝,其他标线有可能阻水时,应沿排水方向设置排水缝,排水缝宽度可为3~5cm。

(7)长大纵坡事故易发路段交通标线应采用反光标线,在正常使用年限内,逆反射亮度系数应满足夜间视认性要求,能清晰地识别与辨认,且标线颜色的色度性能应符合《道路交通标线质量要求和检测方法》(GB/T 16311—2009)的规定。

(8)长大纵坡事故易发路段交通标线应使用抗滑材料,抗滑性能不宜低于所在路段路面的抗滑性能。

5.3.2 设置方法

对于高速公路长大纵坡事故易发路段来说,降低事故概率及保障运营安全的一种重要方式就是有效控制车辆的运行速度,提高驾驶员的警觉与注意力。对此,交通标线作为主动预防的安全措施,提醒驾驶员控制车速、减速慢行,主动引导驾驶员安全行驶,发挥非常重要的作用。通过总结分析实际工程相关应用效果与经验教训,给出了长大纵坡事故易发路段交通标线设置的四种类型:①视错觉减速标线;②彩色防滑路面;③振动标线;④路面文字标记。下面对这四种类型的长大纵坡事故易发路段交通标线进行详细介绍,而在实际工程应用时需要根据具体情况通盘考虑,并进行合理选用与设置。

5.3.2.1 视错觉减速标线

视错觉减速标线常见的类型包括菱形视错觉减速标线、三维立体视错觉减速标线及折线形视错觉减速标线,具体介绍如下:

(1)菱形视错觉减速标线设置于车行道两侧,由一组平行于车行道分界线的菱形块虚线组成,单个菱形块的长度为1m、宽度为0.3m、倾斜角度为45°,菱形块沿纵向间隔距离为1m,如图5-15所示,详细尺寸介绍见5.2.2.1节。当车辆通过设置了菱形视错觉减速标线的路段时,驾驶员的主观视觉会感觉到前方是一条狭窄的公路,有路面不平和车道逐渐变窄的错觉,在这种强烈的视觉冲击下,驾驶员会不由自主地制动减速;同时,菱形视错觉减速标线属于一种特殊的标线,无论前方路况如何,都会使驾驶员产生心理防备,从而提醒驾驶员提高警惕,集中注意力,主动采取减速措施,进而达到车辆能以较低车速安全通过长大纵坡事故易发路段的目的;此外,亦能起到一定的线形诱导功能,以及防止驾驶员越线行驶。

图5-15 菱形视错觉减速标线

需要强调的是,在菱形视错觉减速标线起始位置,应设置30m长的渐变段,菱形块虚线宽度由窄变宽,实现与常规段标线的平顺过渡。

(2)三维立体视错觉减速标线是根据人体视觉、心理学和工业设计的特性,结合三维立体原理和人眼的视错觉机理设计而成,其可设置在行车道两侧,也可设置在行车道上,如图5-16所示。当设置在行车道两侧时,立体减速标线让驾驶员感觉公路上存在伸向行车道的障碍物;当设置在行车道上时,三维立体减速标线能产生特有的立体效果,让驾驶员产生行车道上有不高于底盘的障碍物存在的错觉。通过三维立体减速标线可以引起驾驶员警觉,诱导驾驶员主动采取制动减速措施,达到减速目的。

a)行车道两侧　　　　　　　　　　　　b)行车道上

图5-16　三维立体视错觉减速标线

(3)折线形视错觉减速标线一般设置于行车道上,由若干组折线构成,常见类型如图5-17所示。其中,类型一可以让驾驶员产生空间压缩的感觉,沿行车方向看,行车道呈现由宽变窄及公路下凹的错视觉效果,对驾驶员造成一定的压迫感,促使驾驶员主动控制车速;类型二可以让驾驶员感觉到车速的变化,从而主动控制车速,且折线尖角还能起到一定的导向作用。

a)类型一　　　　　　　　　　　　b)类型二

图5-17　折线形视错觉减速标线

通过总结相关应用经验及研究成果,对于高速公路长大纵坡事故易发路段来说,建议菱形视错觉减速标线和三维立体视错觉减速标线可设置在坡顶下游0～200m范围内和1.5～2km范围内,连续下坡事故易发路段较长时,可每3km为一个设置周期;还可设置在小半径弯道的起点上游200m至小半径弯道终点范围内。折线形视错觉减速标线可设置在长大纵坡事故易发路段途径的隧道进出口及桥梁附近等位置。

5.3.2.2　彩色防滑路面

彩色防滑路面一般由底涂层、防护骨料及雨夜反光玻璃珠组成,颜色包括红色、黄色、绿色等,兼具色彩警示功能和防滑功能,可采用间断型(铺1.5～3m,间隔3～10m)或满铺型的铺设方式置于公路行车道上,如图5-18所示。通过彩色防滑路面涂料的色彩刺激,与路面颜色形成强烈反差,给驾驶员在视觉上和心理上造成冲击,从而起到警示作用,让驾驶员提高警惕,注意接近危险路段,主动采取减速措施,避免紧急制动,减少交通事故的发生;同时,彩色防滑路面是由粗粒径的集料结合黏结剂组成,摩擦系数高,可以减少车辆制动侧滑事故的发生,尤其是阴雨天气路面湿滑的情况,大幅度降低了车辆制动距离及失控事故概率;此外,彩色防滑标线还可以起到美化公路行车环境,缓解驾驶疲劳的作用。

图 5-18 彩色防滑路面

通过总结相关应用经验及研究成果,对于高速公路长大纵坡事故易发路段来说,建议坡顶下游 0~200m 和 1.5~2km 范围内可采用间断型或满铺型彩色防滑路面,长大纵坡事故易发路段较长时,可每 3km 为一个设置周期,如图 5-19a)所示;小半径弯道的起点上游 200m 范围内可采用间断型彩色防滑路面,小半径弯道起点至终点范围内可采用满铺型彩色防滑路面,颜色宜为红色,如图 5-19b)所示;沿线途经的长隧道(单洞长度大于 1km)进出口 100m 范围内(洞内 50m,洞外 50m)可采用满铺型彩色防滑路面,其余部分可采用间断型彩色防滑路面,短隧道可在进口上游 50m 至出口下游 50m 内满铺彩色防滑路面,如图 5-19c)所示;避险车道引道入口至鼻端范围内,可采用 100cm×100cm 的红色和白色方块交叉铺设或纯色满铺,且考虑到驾驶员在发现制动失效后寻找避险车道的过程中心理高度紧张,还可在避险车道引道入口前方 200m 范围内的路侧硬路肩内施划间断型彩色防滑路面,引导驾驶员顺利驶入避险车道,如图 5-19d)所示。与此同时,建议同一条高速公路设置的彩色防滑路面色彩应一致。

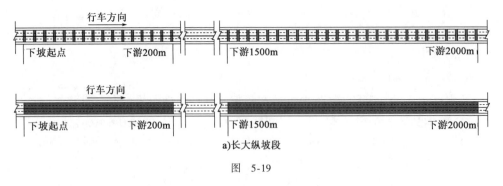

a)长大纵坡段

图 5-19

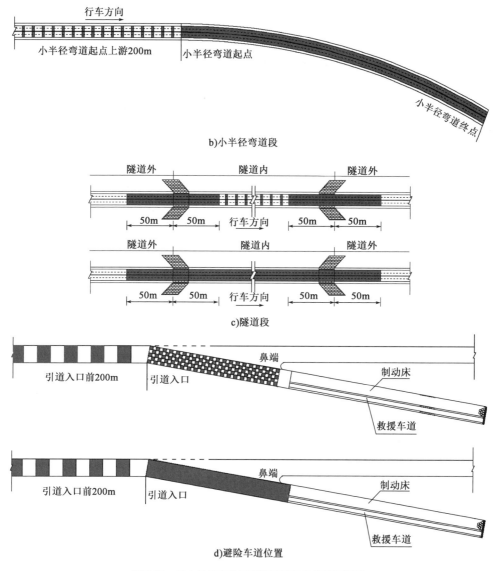

图 5-19 长大纵坡事故易发路段彩色防滑路面设置

5.3.2.3 振动标线

振动标线也称为噪声标线,其表面具有点状或条状的凸起颗粒物,车辆从振动标线表面驶过时会有明显的振感及"轰隆"声,可以让正常状态下的驾驶员提高警惕,注意路况,控制车速,让疲劳状态下的驾驶员及时清醒,修正或纠正驾驶行为,避免车辆出现偏离车道冲出路外或追尾等事故的发生,具有很好的警示和提醒作用。同时,振动标线涂料内一般含有反光玻璃珠,在夜间及雨天具有很好的反光效果,视认性良好,可以保证车辆的正常行驶。此外,振动标线在弯道上可起到防止侧滑的作用,雨天也可保证振动标线与路面摩擦力一样。

振动标线按照布置形式可分为横向振动标线和纵向振动标线两种类型,如图 5-20 所示。横向振动标线垂直于车行道中心线,可采用多条短间距连续布设,设置于行车道内;纵向振动标线一般用作沿纵向设置的车行道边缘线或车行道分界线。

a)横向振动标线

b)纵向振动标线

图 5-20 振动标线

通过总结相关应用经验及研究成果,在高速公路长大纵坡事故易发路段,为保证达到最好的减速及安全行驶效果,两种类型的振动标线可配合使用。其中,对于横向振动标线来说,第一道标线不宜设在长大纵坡起点,需要给驾驶员留 3~5s 反应时间,设在坡顶下游 50~200m 范围内(主动加速区)和 1.5~2km 范围内(短暂制动区)较为合理有效,长大纵坡事故易发路段较长时,可每 3km 为一个设置周期,如图 5-21a)所示;在小半径弯道位置,横向振动标线宜设置在弯道起点上游 200m 至弯道终点范围内,如图 5-21b)所示。对于纵向振动减速标线来说,可与横向振动减速标线设置区间相同,有条件时,可在长大纵坡事故易发路段通长设置。

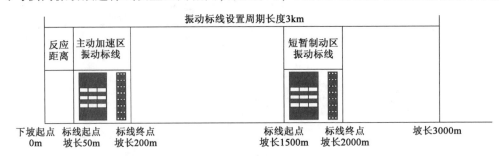
a)长大纵坡段

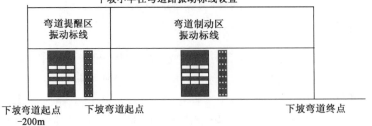
b)小半径弯道段

图 5-21 振动标线在长大纵坡事故易发路段布置示意图

基于前面提出的长大纵坡事故易发路段振动标线设置位置,结合相关应用经验,下面给出了纵向振动标线的设计尺寸及横向振动标线在某一区间内的布设方式。图 5-22 为长大纵坡事故易发路段纵向振动标线设计尺寸,其在一定距离内沿行车方向通长设置。横向振动标线设计主要考虑两方面因素:一方面,相邻两条标线之间的间隔应略大于轮胎与地面接触区域的最大长度,轮胎碾压就会产生一个落差,这个落差一般等于标线的厚度;另一方面,标线的重复条数直接影响减速标线的减速效能,重复条数太少不能引起驾驶员的足够注意,起不到应有的减速作用,而重复条数太多会让驾驶员产生不舒服的感觉。图 5-23 为长大纵坡事故易发路段横向振动标线设计方式,即每组减速标线由 8 条宽 1m、间隔 1m 的标线组成,总宽 15m,标线厚度 7mm,两组减速标线的间距为 50~80m,实际使用时,可根据需要及使用效果进行合理的重复设置,以增强减速效果。

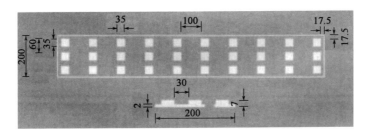

图 5-22 长大纵坡事故易发路段纵向振动标线设计尺寸(尺寸单位:mm)

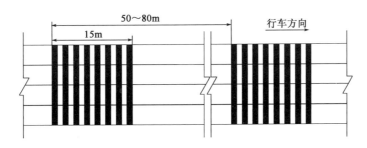

图 5-23 长大纵坡事故易发路段横向振动标线设计方式

需要强调的是,由于振动减速标线易被磨损,在实际使用中应注意对其进行定期维护,以保证其有效性。

5.3.2.4 路面文字标记

对于高速公路长大纵坡事故易发路段来说,为了让驾驶员注意路况、控制车速、按规定车道行驶,可通过在路面上设置对应的文字标记、速度限制标记、限制车辆行驶标记等,来对驾驶员起到提醒与警示作用。路面文字标记详见 5.2.2.1 节。

通过总结分析相关应用经验,可在长大纵坡事故易发路段坡顶及坡中适当位置设置路面文字标记,如"下坡弯道减速慢行""制动失效控制车速"等,文字沿车辆行驶方向由近及远竖向排列,为了避免信息过载,设置数量不宜超过 2 处,如图 5-24a)所示;同时,可在下坡事故易发路段坡顶处、车辆汇流处的主线适当位置,采用限制车辆行驶标记和速度限制标记协同使用的方式,对不同车型实行分车道行驶及限速措施,标记样式为车型+限速,文字竖向排列、数字横向排列,如"货车道 70",及时提醒驾驶员规范驾驶行为,如图 5-24b)所示;此外,可在避险车道引道内施划"制动失效车辆专用""自救"等文字标记,以保证只有制动失效车辆才能使用避险车道。

a)文字标记　　　　　　　　　b)限制车辆行驶标记和速度限制标记协同使用

图5-24　长大纵坡事故易发路段路面文字标记

综上所述,视错觉减速标线、彩色防滑标线、振动标线、路面文字标记等新型标线在长大纵坡事故易发路段上的合理应用,能够引起驾驶员的注意,提醒其谨慎驾驶,减速慢行,降低事故发生概率。但在实际应用过程中,需要结合长大纵坡事故易发路段具体的公路环境、交通条件、行车舒适性、经济性等因素,有选择地使用上述标线类型,避免在公路上广泛使用,否则会影响路容、降低驾驶员警觉性、引起驾驶员视觉疲劳及注意力分散。

第6章 长大纵坡事故易发路段护栏及其附属设施设置研究

6.1 概 述

高速公路长大纵坡事故易发路段属于事故高发区域,由于操作不当、车速过快、车辆协调性不良等原因,车辆(尤其大型货车)易出现制动失效、弯道失控的情况,导致失控车辆碰撞护栏的事故时有发生。一旦车辆碰撞路侧护栏冲出路外或穿越中央分隔带护栏驶入对向车道,极易引发恶性交通事故,造成严重后果。护栏作为一种重要的交通安全设施,一般设置在长大纵坡事故易发路段的公路两侧及中央分隔带位置,呈线状布设,是该路段唯一具有全线防护效果的安全设施。护栏的合理设置可以对失控车辆进行有效防护,降低长大纵坡事故易发路段的事故严重程度,减少相关恶性事故的发生,是失控车辆的最后一道防线,对保障长大纵坡事故易发路段运营安全具有重要作用。

然而,通过调研发现,目前高速公路长大纵坡事故易发路段护栏设置不合理、防护能力不足的情况较多,部分护栏无法对失控车辆进行有效防护,如图6-1所示。

a)冲出路侧护栏

b)穿越中央分隔带护栏

图6-1 长大纵坡事故易发路段护栏防护能力不足埋下事故隐患

为了充分发挥长大纵坡事故易发路段护栏设施的防护作用,应基于实际应用路段的现有交通组成、车速分布特点、路侧危险程度等情况确定护栏的设置形式与防护等级,使其与长大纵坡事故易发路段交通特点及公路条件具有良好的匹配适应性。同时,针对夜间对向车辆眩光、行车视线不良等原因导致的交通安全问题,从防眩和诱导角度,对与护栏配套设置的防眩设施和轮廓标等附属设施,进行选形与设置研究,从而降低长大纵坡事故易发路段夜间交通事故的发生概率。

6.2 护栏设置研究

高速公路长大纵坡事故易发路段护栏设置主要体现在两个方面,一方面是护栏防护等级的选取,另一方面是护栏结构形式的选取。其中,护栏防护等级的选取至关重要,对长大纵坡事故易发路段失控车辆的安全防护效果具有直接影响,其合理设置可降低事故严重程度,减少人员伤亡及财产损失,提高全路段的运营安全水平;护栏结构形式的选取则在符合规范要求的基础上,需要综合考虑护栏变形程度、环境、景观、造价等多方面的因素,具有一定的灵活性。

6.2.1 防护等级选取

按照设置位置的不同,高速公路长大纵坡事故易发路段护栏可分为路侧护栏、中央分隔带护栏、桥梁护栏三大类。在防护等级选取方面,公路等级越高,承担的交通量更大,路段的风险越大;设计速度越高,事故后果越严重;路(桥)外越危险,事故后果越严重。对此,《公路交通安全设施设计规范》(JTG D81—2017)对事故严重程度进行了分级,并依据公路等级、设计速度及事故严重程度等级给出了护栏防护等级选取的明确规定。

对于长大纵坡事故易发路段护栏防护等级的选取,应在满足规范要求的基础上,结合长大纵坡事故易发路段的特点,从安全、合理、适用的角度出发,提出护栏防护等级合理选取方式。

6.2.1.1 路基护栏

路基护栏按照设置位置的不同分为路侧护栏和中央分隔带护栏。《公路交通安全设施设计规范》(JTG D81—2017)按照路侧护栏和中央分隔带护栏的设置条件,有针对性地对事故严重程度等级进行了划分。

(1)对于路侧护栏,根据路侧计算净区宽度范围内的情况,将事故严重程度分为高、中、低三个等级:

①事故危险程度等级为"高"的情况,主要是指路侧计算净区宽度范围内有高速铁路、高速公路、高压输电线塔、危险品储藏仓库等设施,必须设置护栏。

②事故危险程度等级为"中"的情况,主要是指二级及以上公路边坡坡度和路堤高度在图6-2的Ⅰ区、Ⅱ区阴影范围之内的路段,三、四级公路路侧有深度30m以上的悬崖、深谷、深沟等路段,有江、河、湖、海、沼泽等水深1.5m以上水域的路段,有Ⅰ级铁路、一级公路等路段,高速公路、一级公路路外设有车辆不能安全越过的照明灯、摄像机、交通标志、声屏障、上跨桥梁的桥墩或桥台、隧道入口处的检修道或洞门等设施的路段,应设置护栏。

③事故危险程度等级为"低"的情况,主要是指二级及以上公路边坡坡度和路堤高度在图6-2的Ⅲ区阴影范围之内的路段,三、四级公路边坡坡度和路堤高度在图6-2的Ⅰ区阴影范

围之内的路段,二级及以上等级公路路侧边沟无盖板、车辆无法安全越过的挖方路段,高出路面或开挖的边坡面有30cm以上的混凝土砌体或大孤石等障碍物,出口匝道的三角地带有障碍物,宜设置护栏。

(2)对于中央分隔带护栏,高速公路和作为干线的一级公路,整体式断面中间带宽度小于或等于12m,或者12m宽度范围内有障碍物时,必须设置中央分隔带护栏。根据中央分隔带的条件,将事故严重程度也分为高、中、低三个等级:

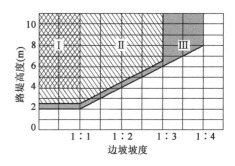

图6-2 边坡坡度、路堤高度与设置护栏的关系

①事故危险程度等级为"高"的情况,主要是指中央分隔带宽度小于2.5m且采用整体式护栏形式。

②事故危险程度等级为"中"的情况,主要是指对双向六车道高速公路,或未设置左侧硬路肩的双向八车道及以上高速公路,中央分隔带宽度小于2.5m并采用分设式护栏形式,同时中央分隔带内设有车辆不能安全穿越的障碍物的路段;对双向6车道及以上一级公路,中央分隔带宽度小于2.5m并采用分设式护栏形式,同时中央分隔带内设有车辆不能安全穿越的障碍物的路段。

③事故危险程度等级为"低"的情况,不符合事故危险程度等级为"高"和"中"的其他路段。

同时,《公路交通安全设施设计规范》(JTG D81—2017)中第6.2.10条、第6.2.11条规定,路基护栏防护等级的选取应符合表6-1的规定,且当存在下列情况时,导致事故发生可能性增加或后果更严重的路段,路基护栏的防护等级宜在表6-1的基础上提高1个等级,具体包括:二级及二级以上公路纵坡等于或接近于《公路工程技术标准》(JTG B01—2014)规定的最大纵坡值的下坡路段;二级及二级以上公路圆曲线半径等于或接近于《公路工程技术标准》(JTG B01—2014)规定的最小半径的路段外侧;设计交通量中,总质量大于或等于25t的车辆自然数所占比例大于20%时。

路基护栏防护等级的选取 表6-1

公路等级	设计速度 (km/h)	事故严重程度等级		
		低	中	高
高速公路	120	三(A、Am)级	四(SB、SBm)级	六(SS、SSm)级
	100、80			五(SA、SAm)级
一级公路	60	二(B、Bm)级	三(A、Am)级	四(SB、SBm)级
二级公路	80、60		三(A)级	
三级公路、四级公路	40	一(C)级	二(B)级	三(A)级
	30、20		一(C)级	二(B)级

注:括号内为护栏防护等级的代码。下同。

下面基于规范规定,总结分析相关研究成果与应用经验,提出了高速公路长大纵坡事故易发路段路基护栏防护等级选取的方法,具体如下:

(1)对于新建高速公路长大纵坡事故易发路段来说,考虑到存在陡坡和小半径弯道,易发生载重货车驾驶不当导致制动失效、弯道车速协调不佳翻出路外、失控车辆驶入对向行车道等交通事故,属于事故多发路段,故从安全角度出发,高速公路长大纵坡事故易发路段路基护栏防护等级的选取在表6-1的基础上提高了1个等级,见表6-2。

同时,在小半径弯道、预测车辆(尤其大型货车)易失控等特殊危险位置,建议高速公路长大纵坡事故易发路段的路基护栏防护等级,在表6-2的基础上再提高1个等级,具体设置位置需要结合工程实际及交通事故预测情况进行确定。

高速公路长大纵坡事故易发路段路基护栏防护等级的选取　　　　表6-2

| 设计速度 | 事故严重程度等级 | | |
(km/h)	低	中	高
120	四(SB、SBm)级	五(SA、SAm)级	七(HB、HBm)级
100、80	四(SB、SBm)级	五(SA、SAm)级	六(SS、SSm)级

(2)对于已建高速公路长大纵坡事故易发路段来说,需要对近3年内发生过车辆驶出路外或驶入对向行车道事故的长大纵坡事故易发路段,进行路基护栏防护等级设置的技术分析与合理修正,确保路基护栏的防护能力。

由于已建高速公路下坡事故易发路段的公路环境(如线形指标、路侧条件)、交通条件(如车型组成、运行速度、车辆载重)、事故特征(如事故类型、事故位置)等具有特殊性,路基护栏防护等级选取在符合标准要求的基础上,还应结合路段特点进行综合分析。通过研究,本书提出一种基于碰撞能量的长大纵坡事故易发路段护栏防护等级选取方式,主要原则是满足我国公路交通实际情况的要求,确保85%~90%以上的失控车辆不会穿越、翻越、骑跨、下穿护栏,降低事故严重程度。为此,护栏防护的碰撞能量至少要大于或等于85%位的碰撞能量,碰撞能量公式可由式(6-1)计算得到。

$$E = \frac{1}{2}m(v\sin\theta)^2 \qquad (6-1)$$

式中:E——碰撞能量,kJ;
　　　v——碰撞速度,km/h;
　　　m——车辆总质量,t;
　　　θ——碰撞角度,(°)。

①碰撞速度。日本《护栏设置标准·同解说》(1998年版和2004年版)对碰撞速度取值的解释中说明,车辆的碰撞速度主要取决于运行速度,考虑到碰撞时驾驶员采取的制动措施、制动距离和路面状况会影响车辆的碰撞速度,所以取运行速度的0.8倍作为碰撞速度。参考此原则,我国公路护栏的碰撞速度也按照运行速度的0.8倍进行计算取值。

长大纵坡事故易发路段计算车辆碰撞能量时,为了代入合理的碰撞速度数值,需要开展实地调研,通过在长大纵坡事故易发路段设置多个地点测速,获取车辆(重点是载重大、易制动失效的货车)运行速度数据,并将运行速度的0.8倍作为碰撞速度代入式(6-1)进行计算。

②车辆总质量。由于长大纵坡事故易发路段地点测速时较难获得实时、准确的货车总质量数据,若设置测重仪势必会影响测速的真实性,考虑到货车按照轴数可分为二轴、三轴、四轴、五轴、六轴,可将收费站测得的各车型平均总质量作为车辆总质量代入式(6-1)进行计算。

③碰撞角度。根据以往近千起车辆碰撞护栏事故调查结果,其平均碰撞角度为15.3°,四舍五入取整,以15°作为碰撞事故的平均碰撞角度代入式(6-1)进行计算。

利用以上数据,根据式(6-1)计算出每辆样本货车的碰撞能量,将碰撞能量样本值按升序排序;每个碰撞能量对应的序号数除以样本总数即为小于或等于此碰撞能量的样本占总样本的比例,以此作为横坐标,以碰撞能量作为纵坐标,绘制现场车辆碰撞能量累计百分率曲线;计算得到每个测速点的85%位碰撞能量。

最终,按表6-2选取的防护等级和基于碰撞能量确定的防护等级,遵循最不利原则,从安全角度出发,选取较高的防护等级作为已建高速公路长大纵坡事故易发路段对应位置的路基护栏防护等级,从而更好地对失控车辆进行有效防护,降低事故严重程度,提高长大纵坡事故易发路段路基段的运营安全水平。

6.2.1.2 桥梁护栏

对于桥梁护栏,《公路交通安全设施设计规范》(JTG D81—2017)规定了桥梁护栏设置原则,即各等级公路桥梁必须设置路侧护栏,高速公路、作为次要干线的一级公路桥梁必须设置中央分隔带护栏,作为主要集散的一级公路桥梁应设置中央分隔带护栏。

同时,根据车辆驶出桥外或进入对向车行道可能造成的事故严重程度等级,桥梁护栏应按照表6-3来选取防护等级,并要求符合下列规定:

(1)二级及二级以上公路小桥、通道、明涵的护栏防护等级宜与相邻的路基护栏相同。

(2)公路桥梁采用整体式上部结构时,中央分隔带护栏的防护等级可按路基中央分隔带护栏的条件来确定。

(3)因桥梁线形、桥梁高度、交通量、车辆构成、运行速度或其他不利现场条件等因素易造成更严重碰撞后果的路段,经综合论证,可在表6-3的基础上提高1个或以上等级。具体包括以下情况:位于连续长下坡路段;右转平曲线半径接近或等于《公路工程技术标准》(JTG B01—2014)规定的最小半径值的路段(中央分隔带护栏);左转平曲线半径接近或等于最小半径值的路段外侧(路侧护栏);桥梁高度在30m以上;设计交通量中,总质量超过25t的车辆自然数所占比例大于20%。

桥梁护栏防护等级的选取 表6-3

公路等级	设计速度 (km/h)	车辆驶出桥外或进入对向车行道的事故严重程度等级	
		高:跨越公路、铁路或城市饮用水水源 一级保护区等路段的桥梁	中:其他桥梁
高速公路	120	六(SS、SSm)级	五(SA、SAm)级
	100、80	五(SA、SAm)级	四(SB、SBm)级
一级公路	60	四(SB、SBm)级	三(A、Am)级
二级公路	80、60	四(SB)级	三(A)级
三级公路	40、30	三(A)级	二(B)级
四级公路	20		

(4)跨越大型饮用水水源一级保护区和高速铁路的桥梁以及特大悬索桥、斜拉桥等缆索承重桥梁,防护等级宜采用八(HA)级。

下面基于规范规定,总结分析相关研究成果与应用经验,提出了高速公路长大纵坡事故易发路段桥梁护栏防护等级选取的方法,具体如下:

(1)新建高速公路长大纵坡事故易发路段桥梁护栏防护等级的选取,应在表6-3基础上提高了1个等级,见表6-4。同时,在小半径弯道、预测车辆(尤其大型货车)易失控等特殊危险位置,建议高速公路长大纵坡事故易发路段的桥梁护栏防护等级,在表6-4的基础上再提高1个等级,具体设置位置需要结合工程实际及交通事故预测情况进行确定。

高速公路长大纵坡事故易发路段桥梁护栏防护等级的选取　　表6-4

设计速度 (km/h)	车辆驶出桥外或进入对向车行道的事故严重程度等级	
	高:跨越公路、铁路或城市饮用水水源 一级保护区等路段的桥梁	中:其他桥梁
120	七(HB、HBm)级	六(SS、SSm)级
100、80	六(SS、SSm)级	五(SA、SAm)级

(2)已建高速公路长大纵坡事故易发路段的桥梁护栏防护等级选取方法与路基护栏基本相同,即根据按表6-4选取的防护等级和基于碰撞能量确定的防护等级,遵循最不利原则,从安全角度出发,选取较高的防护等级作为已建高速公路长大纵坡事故易发路段对应位置的桥梁护栏防护等级,降低事故严重程度,提高长大纵坡事故易发路段桥梁段的运营安全水平。

6.2.2 结构形式选取

6.2.2.1 基本结构类型

护栏结构形式种类多样,包括缆索护栏、混凝土护栏、波形梁护栏、金属梁柱式护栏、组合式护栏等。

根据碰撞后的变形程度可分为柔性护栏、刚性护栏和半刚性护栏。其中,柔性护栏的主要代表形式为缆索护栏,车辆碰撞时主要依靠缆索的拉应力来抵抗车辆的碰撞荷载、吸收碰撞能量,是一种具有较大缓冲能力的韧性护栏结构,碰撞后变形较大,如图6-3所示;刚性护栏的主要代表形式为混凝土护栏(如素混凝土护栏、钢筋混凝土护栏、玻璃纤维筋混凝土护栏等),是一种具有一定断面形状的墙式护栏,碰撞时基本不变形,主要通过坡面使车辆爬升(或倾斜)并利用刚度使车辆转向来吸收碰撞能量,如图6-4所示;半刚性护栏包括波形梁护栏、金属梁柱式护栏和组合式护栏等形式,介于柔性护栏和刚性护栏之间,具有一定的强度和刚度,车辆碰撞时主要利用护栏基础和上部结构构件的变形来吸收碰撞能量,如图6-5所示。

图6-3　柔性护栏

 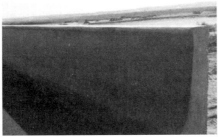 

图 6-4　刚性护栏

a)波形梁护栏

b)金属梁柱式护栏

c)组合式护栏

图 6-5　半刚性护栏

6.2.2.2　初步考虑因素

对于高速公路长大纵坡事故易发路段来说,护栏形式选择需要初步考虑的因素如下:

(1)安全。长大纵坡事故易发路段所选取的护栏形式,在强度上必须能有效吸收设计碰撞能量,阻挡小于设计碰撞能量的车辆冲出路外、桥外或驶入对向车道,并使车辆正确改变行驶方向,具备可靠的安全防护性能。

(2)合规。长大纵坡事故易发路段所选取的护栏形式,均应按照标准碰撞条件进行过实车足尺碰撞试验来验证其安全性能,护栏的各项指标均满足《公路护栏安全性能评价标准》(JTG B05-01—2013)要求(图6-6),达到相应防护等级,方可在实际工程中合规应用。

图6-6 《公路护栏安全性能评价标准》(JTG B05-01—2013)

(3)结构变形。护栏受碰撞后的变形量是结构形式选择需要考虑的一个重要因素,护栏面距其防护的障碍物的距离,应大于护栏最大横向动态位移外延值(W)或车辆最大动态外倾当量值(VI_n)。其中,长大纵坡事故易发路段护栏最大横向动态位移外延值(W)或车辆最大动态外倾当量值(VI_n)的选择应根据防护车型和障碍物来确定。当防护的障碍物低于或等于护栏高度时,宜选择护栏最大横向动态位移外延值(W);当防护的障碍物高于护栏高度、车型为大型车辆时,应选择车辆最大动态外倾当量值(VI_n)。

(4)通用性。长大纵坡事故易发路段护栏及其端头与其他形式护栏的过渡处理要尽量标准化,中央分隔带护栏形式还要考虑与其他设施(如灯柱、标志立柱和桥墩等)的协调,个别地点特殊需要的护栏(如小半径弯道)可定制、加工。

(5)环境和美观。长大纵坡事故易发路段护栏形式选择时,应考虑沿线的环境腐蚀程度、气候条件和护栏本身对视距的影响等因素,并适当考虑美观因素。对景观有特殊要求的公路可选择外观自然、与周围环境相融合的护栏形式,但不得降低护栏防护等级。

(6)成本。长大纵坡事故易发路段护栏形式选择时,需要考虑护栏的初期成本和投入使用后的养护成本,包括常规养护、事故养护、材料储备和养护方便性等。一般来说,护栏的初期成本会随着防护等级的提高而提高,但养护成本会降低;相反,初期成本低,则随后的养护成本会大大提高。

护栏形式选择时还要结合路面养护方式,采用经济适宜的形式。有些路面养护时没有铣刨路面,导致路面养护后护栏高度不足,因此,在新设护栏时就要考虑这种影响,采用护栏高度富余或护栏高度可变的形式,减少对路面养护造成的影响。

6.2.2.3 护栏选型建议

下面根据高速公路长大纵坡事故易发路段的特点及事故情况,提出几点护栏选型建议,具体如下:

(1)高速公路长大纵坡事故易发路段事故概率较高,事故车型又以载重货车为主,考虑到柔性护栏防护等级较低,如《公路交通安全设施设计细则》(JTG/T D81—2017)推荐的缆索护栏结构最高防护等级仅为三(A)级,且碰撞后护栏变形较大,安全储备相对较少,故不建议长大纵坡事故易发路段采用柔性护栏形式。

(2)对于路基护栏来说,在护栏防护等级选取合理的基础上,一般路段的路侧和中央分隔带护栏形式,建议采用波形梁护栏;大型车辆所占比例较大或小半径弯道的特殊路段,路侧和中央分隔带的护栏形式,建议采用混凝土护栏;长大纵坡事故易发路段位于冬季风雪较大的地区,建议采用少阻雪的梁柱式护栏形式,如波形梁护栏、金属梁柱式护栏等。

(3)对于桥梁护栏来说,在护栏防护等级选取合理的基础上,长大纵坡事故易发路段桥梁护栏形式建议采用混凝土护栏。然而,当桥梁主体为钢结构或桥梁位于积雪严重地区时,桥梁护栏形式建议采用金属梁柱式护栏;当桥梁对景观有特殊要求时,桥梁护栏形式建议采用金属梁柱式护栏、组合式护栏或景观混凝土护栏;当需要减小桥梁自重、减轻车辆碰撞荷载对桥面板的影响时,桥梁护栏形式建议采用金属梁柱式护栏或新型轻量化混凝土护栏(如玻璃纤维筋混凝土护栏)。

(4)高速公路长大纵坡事故易发路段的避险车道两侧,建议使用混凝土护栏形式,提高对冲入避险车道内失控车辆的防护能力,避免发生车辆冲出避险车道的事故,同时降低避险车道内阻尼材料飞溅对公路主线行车造成的不利影响。

6.2.3 长大纵坡事故易发路段专用护栏成果

关于长大纵坡事故易发路段公路护栏,《公路交通安全设施设计细则》(JTG/T D81—2017)中给出了不同形式护栏的推荐结构样式,如图6-7所示。公路交通安全设施方面的科研单位也研发了多种先进可靠的新型护栏成果,图6-8为北京华路安交通科技有限公司创新研发的新型SA级波形梁护栏、新型轻量化玻璃纤维筋混凝土护栏(SS级)、新型特高等级金属梁柱式护栏(HA级)等先进技术成果照片,这些护栏均具备较好的防护性能,符合现行标准要求,能够对碰撞能量范围内的失控车辆进行有效阻挡、缓冲及导向,可在高速公路长大纵坡事故易发路段安全、合规应用。

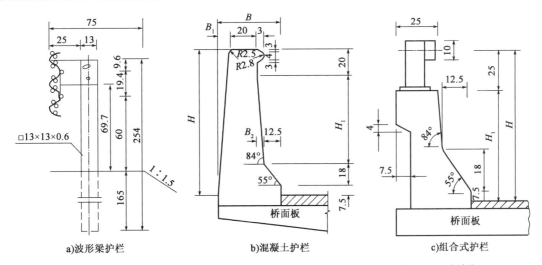

图6-7 《公路交通安全设施设计细则》(JTG/T D81—2017)推荐的部分护栏结构样式(尺寸单位:cm)

与此同时,考虑到长大纵坡事故易发路段载重货车制动失效情况频发,对车辆减速的需求较为强烈,专门适用于长大纵坡事故易发路段的消能减速护栏应运而生,为制动失效车辆提供了除避险车道以外的另一种安全的避险方式。下面对现有的两种消能减速护栏技术成果进行简要介绍,为实际工程应用提供参考。

a)新型SA级波形梁护栏

b)新型轻量化玻璃纤维筋混凝土护栏(SS级)

c)新型特高等级金属梁柱式护栏(HA级)

图 6-8　北京华路安交通科技有限公司研发的新型护栏成果

6.2.3.1　混凝土消能减速护栏

混凝土消能减速护栏采用钢筋混凝土现浇结构,总高度为 1.2m,迎撞摩擦面采用混凝土波浪型迎撞摩擦面,波浪长度为 2m,波浪高度为 5cm,如图 6-9 所示。该护栏主要通过车辆主动贴靠护栏,与设置在护栏顶部的"波浪"形摩擦面间的摩擦力做功来消耗车辆能量,实现对制动失效车辆强制减速,兼具防撞和减速双重作用。

混凝土消能减速护栏研发时间较早,早期其防撞性能是按照《高速公路护栏安全性能评价标准》(JTG/T F83-01—2004)进行检验的,即分别开展了 1.5t 小客车、100km/h 碰撞速度、20°碰撞角度和 18t 大客车、80km/h 碰撞速度、20°碰撞角度的实车足尺碰撞试验,各项指标均符合评价标准要求,防撞等级为 SS 级,防护能量为 520kJ,如图 6-10a)所示。同时,对该护栏减速性能进行了实车试验验证,即驾驶员通过提示标志主动转动方向盘,以尽可能小的角度(小于 10°为宜)向护栏贴靠,在驾驶员舒适度容许的范围内,护栏能使 10t 整体式货车在 56m 距离内速度从 35.1km/h 降至 21.3km/h,使 44t 拖头式货车在 60m 距离内速度从 33.7km/h 降至 18.2km/h,达到了有效安全消能减速的目的,如图 6-10b)所示。

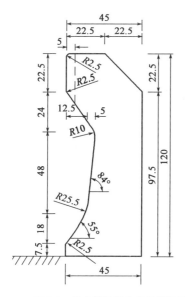

图 6-9 长大纵坡事故易发路段混凝土消能减速护栏成果(尺寸单位:cm)

a) 防撞性能验证

b) 减速性能验证

图 6-10 长大纵坡事故易发路段混凝土消能减速护栏实车试验

图 6-11 为混凝土消能减速护栏在某高速公路长大纵坡事故易发路段上的应用效果,可以看出护栏线形流畅,施工外观质量满足结构设计要求,整体效果良好。在应用期间,驾驶员对采用贴靠护栏制动的理念比较认同,发生了多起失控车辆借助消能减速护栏的防护案例(图 6-12),护栏起到了很好的积极防护作用,达到了减速停车的目的,且大部分车辆在确认没有大的损失的情况下,安全离开现场,未对交通运营带来严重不利影响。

图 6-11　长大纵坡事故易发路段混凝土消能减速护栏应用效果

图 6-12　长大纵坡事故易发路段混凝土消能减速护栏防护案例

6.2.3.2　组合式消能减速护栏

组合式消能减速护栏的下部为钢筋混凝土结构,上部为钢结构,总高度为 1.3m,上部钢结构横梁采用钢管吸能构件,当失控车辆小角度主动贴靠护栏时,通过钢管变形和摩擦,达到吸收车辆动能的效果,同样兼具防撞和减速双重作用,如图 6-13 所示。

图 6-13　长大纵坡事故易发路段组合式消能减速护栏成果

在组合式消能减速护栏路段开展 1.5t 小客车、100km/h 碰撞速度、20°碰撞角度和 18t 大客车 80km/h 碰撞速度、20°碰撞角度的实车足尺碰撞试验,各项指标满足《高速公路护栏安全性能评价标准》(JTG/T F83-01—2004),防撞等级为 SS 级,防护能量为 520kJ,如图 6-14 所示。

图 6-14　长大纵坡事故易发路段组合式消能减速护栏实车试验

消能减速护栏适用于长大纵坡事故易发路段的高陡边坡、桥梁段、小半径弯道等事故严重程度更高的地方。但由于上述两种长大纵坡事故易发路段专用护栏成果的研发时间较早,所依据的是现已作废的《高速公路护栏安全性能评价标准》(JTG/T F83-01—2004)进行护栏安全性能评价,故从安全、合法角度考虑,建议实际工程应用时,还需按照《公路护栏安全性能评价标准》(JTG B05-01—2013)规定的碰撞条件和评价指标进行验证。

6.3　防眩设施设置研究

夜间行车时,在对向行驶的车辆前照灯强光照射下,会给驾驶员带来强烈的不适(如强光刺激下的短暂"失明"),已成为造成夜间行车交通事故的主要因素之一,如图 6-15 所示。为了降低高速公路长大纵坡事故易发路段的事故概率及改善夜间行车条件,需要对防眩设施的合理设置进行研究,实现既能有效遮挡对向车辆前照灯的眩光,又可以满足横向通视好、能看到斜前方,并对驾驶员心理影响小的要求。下面重点介绍长大纵坡事故易发路段防眩设施的设置原则、设施类型、形式选择及构造要求。

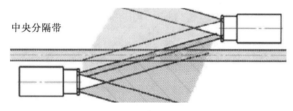

a)原理

b)实例

图 6-15　高速公路夜晚眩目

6.3.1 设置原则

根据《公路交通安全设施设计规范》(JTG D81—2017)的规定,结合相关研究应用经验,提出高速公路长大纵坡事故易发路段防眩设施的设置原则,具体如下:

(1)高速公路上两车相会时,驾驶员受眩光影响的程度与两车的横向距离有很大关系,当中央分隔带宽度大于或等于9m时,眩光对驾驶行为的影响可以不考虑,如图6-16所示;当中央分隔带宽度小于9m时,则建议长大纵坡事故易发路段设置防眩设施。

图6-16　高速公路中央分隔带宽度大

(2)在夜间高速公路运行车辆为看清路况,需要打开前照灯,因此夜间是眩光现象发生的主要时段,建议夜间交通量较大的长大纵坡事故易发路段设置防眩设施。

(3)大型货车和大型客车自然交通量之和所占比例大于或等于15%设计交通量的长大纵坡事故易发路段(图6-17),建议设置防眩设施。

图6-17　大型车混入率高

(4)在长直线路段、设置超高的圆曲线路段、与相邻公(铁)路或交叉公(铁)路有严重眩光影响的路段(图6-18)、连拱隧道进出口附近的路段,以及凹形竖曲线半径等于或接近于《公路工程技术标准》(JTG B01—2014)规定最小半径值的路段,建议设置防眩设施。

图6-18　相邻公(铁)路眩光影响

(5)从互通式立交、服务区、停车区的匝道或连接道进入高速公路长大纵坡事故易发路段主干线时,对向驾驶员有严重眩目影响的路段,建议设置防眩设施。

(6)针对高速公路长大纵坡事故易发路段的路基横断面为分离式断面的情况,当上下车行道高差小于或等于2m时,会车时眩光对驾驶员的影响较大,需要设置防眩设施;当上下车行道高差大于2m时,眩光影响较小,一般在较高的车行道旁设置路侧护栏,而护栏(除缆索护栏)能起到部分遮光的作用,此时可不必设置专门的防眩设施。

(7)在有连续照明设施的高速公路长大纵坡事故易发路段,考虑到车辆夜间在这些路段一般都打开近光灯行驶,会车时眩光影响甚微,这种情况下可不设置防眩设施。

(8)高速公路长大纵坡事故易发路段防眩设施设置于中央分隔带内,建议与中央分隔带标准段护栏、开口护栏等体系配合使用,互为补充,以节约宝贵的空间、财力等。同时,要求防眩设施与护栏组合设置后,不应影响护栏的阻挡、缓冲、导向等正常使用功能。

(9)高速公路长大纵坡事故易发路段防眩设施设置要注意连续性,避免在两段防眩设施中间留有短距离的间隙,原因是这种情况会给毫无思想准备的驾驶员造成很大的潜在眩目危险,视觉感受和景观效果都不太好。

(10)高速公路长大纵坡事故易发路段防眩设施的设置高度原则上要全线统一,不同防眩结构的连接要让防眩设施高度在一定长度范围内渐变过渡(图6-19),渐变段长度以50m为宜。

图6-19 防眩设施渐变过渡

(11)高速公路长大纵坡事故易发路段防眩设施要以一定长度的独立结构段为制造和安装单元,建议每一独立结构段的长度与护栏设置间距相协调,便于安装,但不宜大于12m,原因是这样可以减轻车辆冲撞造成防眩设施损坏的严重程度,方便更换与维修。

(12)防眩设施设置不得影响高速公路长大纵坡事故易发路段的停车视距,尤其在曲线半径较小且中央分隔带较窄的弯道上,防眩设施的设置不应减小停车视距。若经检验影响了停车视距,可视情况采用以下解决方式:①可考虑降低防眩设施的高度,一般为1.2m左右,这样防眩设施既可阻挡对向车前照灯大部分眩光,还可让驾驶员看到本车道前方车流中最后一辆车的顶部;②对于较大半径的曲线路段,可考虑将防眩设施的设置位置偏向曲线内侧;③如果前两种方式仍不能得到较好的防眩和景观效果,则不建议在中央分隔带设置防眩设施;④如果确实需要设置防眩设施,可采用加宽中央分隔带的方法,使车道边缘与防眩设施之间有足够的的余宽来保证停车视距。

6.3.2 设施类型

高速公路防眩设施种类多样,按构造物可分为植树防眩(间隔型、密集型)、防眩网(网格状、栅栏式)、防眩板(扇面式、板条式)三种类型。

6.3.2.1 植树防眩

植树防眩是指通过在中央分隔带种植树木来遮挡对向车灯光,具备防眩、美化路容、降低噪声、诱导交通等多种功能,可作为公路总体景观的一部分,与自然环境相协调。

植树防眩主要包括间隔植树和密集植树两种方式:对于间隔植树防眩,采用部分遮光原理,依靠植物的宽度部分遮挡对向车灯光;对于密集植树防眩,通过在中央分隔带连续密集栽种植物,从而完全遮挡对向来车灯光进行防眩,一般可根据树苗直径按 3~5 棵/m 规格栽种。图 6-20 为植树防眩的两种方式的示例。

a)间隔植树防眩　　　　　　　　　　b)密集植树防眩

图 6-20　植树防眩

采用间隔植树防眩方式应考虑公路线形走向,南北走向的公路线形应避免采用间隔植树防眩形式,因为太阳东升西落,此时道路走向与太阳运行方向正交,太阳光照射下来,树木在路面上间隔形成阴影,公路明暗相间容易使驾驶员产生眩目感觉,从而降低驾驶员视觉功能,对安全行车造成不利影响。此外,夜间高速行驶时,前照灯照射在间隔的树木上,由于夜间视线条件不佳,树木中好像站立了一个人,容易造成驾驶员心理紧张,导致操作失误,从而引发交通事故。

鉴于间隔植树防眩方式存在的这些缺点,密集植树防眩方式基本可以完全隔绝对向来车的灯光,防眩效果较好,实际工程应用要更为广泛一些,如图 6-21 所示。但密集植树防眩也存在一些缺点,包括影响驾驶员的横向通视,使其视野变窄,无法判断对向车道情况及前方路线走向,容易使驾驶员产生茫然、压迫、单调及疲劳的感觉,造价较高,养护工作量较大,积雪较为严重等。

图 6-21　密集植树防眩的夜间效果

6.3.2.2 防眩网

防眩网是一种经过特种机械加工处理后形成的网状防眩设施(图6-22),其防眩作用主要依靠金属网上的网孔遮挡一定角度的光线来实现,它能阻挡水平面上 $0\sim\beta$ 角度射来的光线,在 β 角以外可横向通视,如图6-23所示。防眩网的板材厚度可采用 $2\sim3\mathrm{mm}$,网面高度可采用 $50\sim110\mathrm{cm}$,长度可采用 $200\sim400\mathrm{cm}$,网格尺寸通过计算确定。防眩网遮光角则根据不同网格宽度和板材厚度计算确定。同时,在平曲线或竖曲线路段设置防眩网时,单片长度不宜大于 $2.5\mathrm{m}$。

图6-22 防眩网

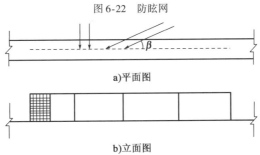

图6-23 防眩网的部分遮光原理

防眩网结构轻巧,接触面积小,不易染尘,且能长久保持整洁,能够保证驾驶员拥有良好的横向通视性,对驾驶员心理影响小,利于行车安全。但存在一些缺点,包括防眩效果相对较差,风阻力较大,积雪严重,景观效果差及造价较高等。

6.3.2.3 防眩板

防眩板是目前我国高速公路上普遍使用的一种防眩设施,适用于中央分隔带宽度较小的路段,如图6-24所示。目前防眩板的规格和种类较为多样,根据材质可分为钢板、工程塑料板、片状模压料(SMC)、模压料团(DMC)、高密度聚乙烯(HDPE)板等,根据外观可分为直板、反S形板、芭蕉叶形板等,根据成型工艺可分为玻璃钢模压成型板、玻璃钢挤出成型板等。

图6-24 防眩板

在中央分隔带上连续设置间距为 L、宽度为 b 的防眩板,设与前照灯主光轴呈 β_0 的光束射向防眩板,被防眩板宽度部分遮挡住,从而阻挡对向车辆前照灯眩光,达到防眩目的,如图 6-25 所示。

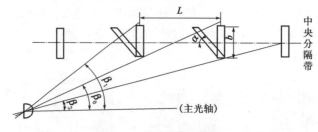

图 6-25 防眩板的遮光原理

在直线路段,当防眩板和道路中线垂直时,遮光角 β_0 按照式 6-2 计算;当防眩板与设置中线偏转 α 角时,遮光角 β_0 按照式(6-3)计算。

$$\beta_0 = \tan^{-1}\left(\frac{b}{L}\right) \tag{6-2}$$

$$\beta_0 = \tan^{-1}\left(\frac{b\sin\alpha}{L - b\cos\alpha}\right) \tag{6-3}$$

式中:β_0——直线路段防眩遮光角,(°);
  b——防眩板的宽度,cm;
  L——防眩板的间距,cm;
  α——防眩板的偏转角,(°)。

在平曲线路段,遮光角 β 按照式(6-4)计算:

$$\beta = \cos^{-1}\left(\frac{R - B_3}{R}\cos\beta_0\right) \tag{6-4}$$

式中:β——平曲线路段防眩遮光角,(°);
  R——平曲线半径,m;
  B_3——车辆驾驶员与防眩设施的横向距离,m。

遮光角是防眩板的一个重要技术参数和设计依据。由图 6-25 可知,与车灯主光轴呈 β_2 夹角的光射向防眩板,当 $\beta_2 < \beta_0$ 时,光线将无法透过防眩板,而当 $\beta_2 > \beta_1 > \beta_0$ 时,将有部分光透过防眩板。

根据交通部公路科学所 1989 年 12 月在北京沙河机场所做试验的结果表明,当防眩板遮光角取 10°时,所有参加试验的驾驶员均表示不受眩光作用影响;当防眩板遮光角取 7°时,则大部分的驾驶员表示受眩光影响严重。因此,建议高速公路长大纵坡事故易发路段的直线路段遮光角不应小于 8°,平、竖曲线路段遮光角应为 8°~15°,且计算防眩设施的眩光距离采用 120m,原因是平直路段感受不到眩光的两车最小纵距和车辆远射灯光的照距均为 120m 左右。

防眩板具有良好的防眩效果(图 6-26),是一种美观、经济、横向通视、风阻力小、积雪少及易施工维护的防眩设施。

图 6-26 防眩板夜间防眩效果

6.3.3 形式选择

交通部公路科学研究所在"七五"国家科技攻关中,通过大量的资料分析和调查研究,对上述三种防眩设施性能进行了综合比较,见表 6-5。

不同防眩设施性能的综合比较　　　　表 6-5

特　点	植树防眩		防眩板	防眩网
	间隔型	密集型		
美观	好		好	较差
对驾驶员心理影响	大	小	小	较小
对风阻力	大		小	大
积雪	严重		好	严重
自然景观配合	好		好	不好
防眩效果	较好		好	较差
经济性	好	差	好	较差
施工难易	较难		易	难
养护工作量	大		小	小
横向通视	较好	差	好	好
阻止行人穿越	差	较好	较好	好
景观效果	好		好	差

可以看出,植树防眩与防眩板防眩效果要优于防眩网。因此,在我国大部分地域将防眩板与植树防眩作为防眩设施首选形式。就防眩板与植树防眩两种形式的选择而言,防眩板适用于中央分隔带较窄、不宜种植植物路段,以及北方气候干燥、冬季植物落叶影响防眩效果地区;而在南方雨水充沛、适宜植物种植且中央分隔带较宽路段,则建议采用植树防眩形式。

通过总结研究与应用经验,结合规范相关规定,下面给出高速公路长大纵坡事故易发路段防眩设施选型的几点建议:

(1)防眩设施形式的选择需要针对长大纵坡事故易发路段平纵线形与气候条件,充分比较各种防眩设施的性能,分析行驶安全感、压迫感、景观要求,并考虑与公路周围环境的协调,结合经济性、施工条件及养护维修等因素综合确定。

(2)中央分隔带较宽、地形变形较大、需要保护自然景观且气候条件也较适宜植树时,可采用植树防眩。同时,建议根据当地气候及公路条件,选择易成活、根系发达且对埋土深度要求较浅、枝叶茂密、落叶少、养护工作量少、有成功应用经验、不侵占公路净宽的树种,植树防眩高度及树丛间距要根据树冠高度及有效直径大小灵活选用。

(3)中央分隔带护栏间距小于树冠直径时,或植树对中央分隔带通信管道有影响时,以及寒冷、干旱、半干旱地区路基填料采用水稳性差的材料时,不建议采用植树防眩。

(4)中央分隔带宽度较小时,或桥梁、通道和明涵等构造物路段,建议采用防眩板防眩。

(5)由于中央分隔带设置防眩设施后,会影响驾驶员的视觉,把注意力诱导到防眩设施上,长时间单调的景观会使驾驶员的视觉迟钝,感到乏味而打瞌睡,从而引发交通事故。因此,高速公路长大纵坡事故易发路段(尤其长直线路段)防眩设施设置时,在环境条件允许的情况下,从经济、景观、养护和克服单调性等方面考虑,建议采用防眩板和植树防眩两种方式交替设置,每隔5km改变形式,克服驾驶员行车的单调感,如图6-27所示。

图6-27 防眩板和植树防眩交替设置

(6)对中央分隔带有隔离要求的路段可采用防眩网,积雪严重路段建议采用防眩板。

6.3.4 构造要求

下面主要从防眩设施高度和设置方法两个方面对高速公路长大纵坡事故易发路段防眩设施的构造要求,进行介绍。

6.3.4.1 防眩设施高度

高速公路长大纵坡事故易发路段可分为纵坡恒定的直线下坡段和纵坡变化的竖曲线段,通过总结相关研究成果,给出了相应的防眩设施高度计算公式,为实际工程应用提供计算依据。

在直线下坡路段,可以根据"驾驶员刚好看不到对向车辆前照灯"这一关系,按照比例得出防眩设施高度计算公式:

$$H = h_1 + (h_2 - h_1)\frac{B_1}{B_1 + B_2} \tag{6-5}$$

式中:h_1——车辆前照灯高度,m;

h_2——驾驶员视线高度,m;

B_1、B_2——分别为车行道上车辆距防眩设施中心线的距离,m;

B——$B_1 + B_2$,如图 6-28 所示。

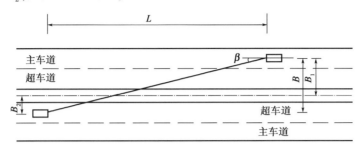

图 6-28 防眩设施最小高度计算图式

在纵坡变化的竖曲线路段,可以得到基于公路纵断面建立的坐标系上的各点纵坐标(图 6-29),通过计算得到满足防眩要求的高度纵坐标。一般高速公路设计中,竖曲线包括缓和曲线和圆曲线,为了简化计算,假设竖曲线为圆曲线。

假设车辆前照灯位置点 $A(x_1,y_1)$,对向受眩光影响的驾驶员视点为 $C(x_2,y_2)$,而防眩设施所在的位置为 $D(x_3,y_3)$,三者关系如下:

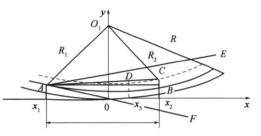

图 6-29 竖曲线防眩设施高度示意图

$$x_2 = x_1 + l \tag{6-6}$$

$$x_3 = x_1 + \frac{l B_1}{B_1 + B_2} \tag{6-7}$$

根据直线段防眩设施高度的计算原理,可以推导出满足要求的防眩设施高度纵坐标:

$$y_3 = y_1 + (y_2 - y_1)\frac{B_1}{B_1 + B_2} \tag{6-8}$$

其中:

$$y_2 = R - \sqrt{R_1^2 - x_1^2}$$

$$y_2 = R - \sqrt{R_2^2 - x_2^2} = R - \sqrt{R_2^2 - (x_1 + l)^2} \tag{6-9}$$

综上所述,可以得出竖曲线段防眩设施高度为:

$$H = y_3 - y = \sqrt{R^2 - x_3^2} - \sqrt{(R-h_1)^2 - x_1^2} + \left(\sqrt{(R-h_1)^2 - x_1^2} - \sqrt{(R-h_2)^2 - (x+l)^2}\right)B_1/B \tag{6-10}$$

式中:R——竖曲线半径,m;

l——眩光纵距,m,一般取值为 120m。

上述确定的防眩设施高度计算公式中,所涉及的主要参数包括对向车辆前照灯高度、驾驶员视线高度及车辆距离防眩设施距离。其中,《公路交通安全设施设计细则》(JTG/T D81—2017)中给出了我国车辆前照灯高度 h_1 的建议值为:小型车 0.8m,大型车 1.0m;车辆驾驶员视线高度 h_2 的建议值为:小型车 1.3m,大型车 2m。车辆与防眩设施距离则按照公路实际情况进行确定。

需要强调的是，高速公路长大纵坡事故易发路段防眩设施高度应不影响驾驶员视距，且要考虑防眩设施高度与高速公路横断面的比例协调性，以及尽量避免防眩设施被冲撞后倒伏到行车道上，影响正常车辆行驶。因此，建议高速公路长大纵坡事故易发路段防眩设施高度不宜超过2m，具体数值需要根据实际工程条件进行计算确定，且不同高度的防眩设施之间需要设置过渡段。

6.3.4.2 防眩设施设置方法

除植树防眩以外，防眩网和防眩板两类防眩设施在实际工程中的设置方式包括以下三种：防眩设施与中央分隔带混凝土护栏相结合、防眩设施与中央分隔带波形梁护栏相结合、防眩设施独立设置。

（1）防眩设施与中央分隔带混凝土护栏相结合：主要通过混凝土护栏顶部或背部的预埋件来实现，一般采用预埋地脚螺栓连接，使防眩网或防眩板设施与混凝土护栏组合应用，防眩设施可以独立结构段为单元进行安装，如图6-30所示。

图6-30 防眩设施与中央分隔带混凝土护栏相结合

（2）防眩设施与中央分隔带波形梁护栏相结合：可在分设型波形梁护栏立柱上设置连接构件（如槽钢），防眩网或防眩板设施则固定在连接构件上，也可在组合型波形梁护栏立柱上固定防眩设施，如图6-31所示。

图6-31 防眩设施与中央分隔带波形梁护栏相结合

(3)防眩设施独立设置:在中央分隔带内,单独设置防眩设施的立柱,将立柱埋置于土基中或栓接于混凝土基座表面,在稳定基础的同时,将防眩设施固定于立柱支撑构件上,一般以 4~12m 的长度进行制作与设置,如图 6-32 所示。

图 6-32　防眩设施独立设置

需要强调的是,防眩设施与护栏组合设置时,不能影响护栏的阻挡、缓冲、导向等正常使用功能,两者之间应合理设置,实现安全防护和防眩功能的相互补充。

6.4　轮廓标设置

轮廓标在交通安全设施中所占比例较小,但作用却不可忽视。原因是,高速公路车辆行驶速度很快,而夜间公路的可视距离变短,不利于驾驶员及时、准确地掌握前方公路的路线走向和边界位置等重要信息,尤其是急弯陡坡路段,驾驶员会更加难以看清公路线形,视线很难随公路线形急剧变化,大大降低了行车安全性。

轮廓标作为一种视线诱导设施,沿公路两侧边缘设置,可以指示公路的正确前进方向和边缘轮廓,具有逆反射功能,其反射体与汽车前照灯灯光及驾驶员视线的几何关系如图 6-33 所示。驾驶员从发射器正面驶来,逐渐接近并从轮廓标侧面通过,在这个过程中,通过对车辆灯光的反射,使驾驶员提早了解前方路况,起到夜间诱导、警告驾驶员的作用,可以很好地保证通行车辆的行车安全。

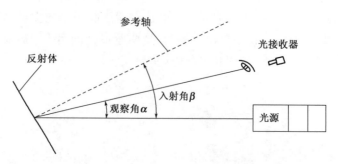

图6-33 轮廓标反射体与灯光、驾驶员视线的几何关系

6.4.1 设置原则

根据《公路交通安全设施设计规范》(JTG D81—2017)的规定,结合相关研究应用经验,提出高速公路长大纵坡事故易发路段轮廓标的设置原则,具体如下:

(1)在高速公路长大纵坡事故易发路段主线,沿线加水站、降温池、服务区、停车区等服务设施的进出匝道连接线,以及避险车道位置,建议连续设置轮廓标,通过标明公路全线几何线形,有效诱导驾驶员视线,提高行车安全水平,有效避免交通事故。

(2)轮廓标在高速公路长大纵坡事故易发路段前进方向的左、右侧对称设置,且沿行车方向,配置白色反射体的轮廓标安装于右侧,配置黄色反射体的轮廓标安装于中央分隔带。高速公路长大纵坡事故易发路段避险车道位置,采用红色反射体的轮廓标。

(3)轮廓标的设置间隔与公路线形有直接关系。根据标准规定和实际应用效果总结,从安全角度出发,针对高速公路长大纵坡事故易发路段的不同线形条件,建议:在直线路段,轮廓标的设置间距不应超过48m;在曲线路段,因受到前照灯照射角度的影响,轮廓标连续可视性要比直线段差,提出了更严格的要求,即轮廓标的设置间距不大于表6-6的规定,且曲线段的起止路段轮廓标设置间隔如图6-34所示,图中 S 为曲线路段轮廓标的设置间距,如果两倍或三倍的间距大于48m则取为48m;在车道数或车道宽度有所变化及事故高发的路段,可适当减小轮廓标的设置间距。

高速公路长大纵坡事故易发路段轮廓标的设置间距　　　　表6-6

曲线半径(m)	≤89	90~179	180~274	275~374	375~999	1000~1999	≥2000
设置间距(m)	8	12	16	24	32	40	48

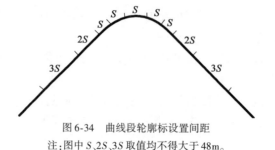

图6-34 曲线段轮廓标设置间距
注:图中 S、$2S$、$3S$ 取值均不得大于48m。

(4)一般情况下,建议轮廓标反射器中心线距路面的高度为60~75cm,有特殊需要时,经论证可采用其他高度,这里主要是从实际设置效果、造价等角度来考虑的。例如,轮廓标设置于立柱的护栏板下方,其高度与混凝土护栏的变坡点、检修道的高度基本一致(图6-35),反光效果良好,由于距路面的高度较近,可省去突起路标的设置,对于冬季有除雪需求的地区,这种设置方法有一定的应用前景,但这种设置方法并不一定适用于降雨较多、植被茂盛的地区。

图6-35 轮廓标其他设置高度

(5)安装轮廓标时,反射体应面向交通流,其表面法线应与公路中心线成0°~25°的角度,无论在直线段或在曲线段上,应尽可能与驾驶员视线方向垂直。

(6)轮廓标的设置应充分考虑公路线形及构造物特点,使视线诱导具有很好的连续性。

6.4.2 设施类型与基本构造

下面根据《轮廓标》(GB/T 24970—2020)和《公路交通安全设施设计细则》(JTG/T D81—2017)的相关规定,介绍轮廓标的设施类型与基本构造。

轮廓标按设置条件可分为埋设于地面上的柱式轮廓标和附着于构造物(本节特指护栏)的附着式轮廓标。

6.4.2.1 柱式轮廓标

在路侧未设置但需要设置轮廓标的长大纵坡事故易发路段(除设置示警桩、示警墩的路段外),可采用柱式轮廓标,独立设置于路侧土路肩中。柱式轮廓标按其柱体材料的不同特性,又可分为普通柱式轮廓标和弹性柱式轮廓标,应根据实际情况合理选用。

柱式轮廓标由柱体、黑色标记和反射体组成,三部分应连接牢固。柱体可采用空心圆角的等腰三角形(三角形高120mm,底边长100mm,路面以上柱高1050mm)或圆弧形断面(圆弧弦长110mm,弦高16mm,路面以上柱高900mm),顶部斜向行车道,柱身为白色;柱体上部设有250mm长的一圈黑色标记,黑色标记的中间设有180mm×40mm的矩形反射体,在反射体基础上可增加蓄光自发光材料,反射体分为白色和黄色两种;柱体可通过混凝土基础连接固定,基础埋深为200mm。图6-36为柱式轮廓标的结构形式及应用。

随着科技水平的不断发展与进步,柱式轮廓标的材料逐渐发生变化,即早期主体基材采用成本低廉的水泥预制件,但易造成二次伤害,反射体不易附着且色泽不明显;之后采用便于反射体安装的钢板制成柱体,但成本高、易生锈且依旧有较大的二次伤害问题;再后面则出现了合成树脂类、玻璃钢、聚氯乙烯(PVC)工程塑料等材质的柱式轮廓标成果,具有机械模具成型、立柱稳定、壁厚均匀、表面光滑、无二次伤害、成本低等特点,且夜间使用时,反射光线均匀、不眩目,起到诱导、警示驾驶员正确行车方向的作用,如图6-37所示。

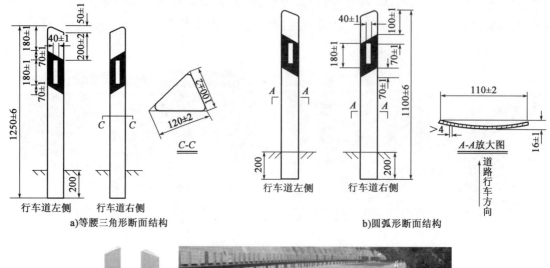

图6-36 柱式轮廓标结构及应用(尺寸单位:mm)

图6-37 柱式轮廓标夜间视线诱导效果

6.4.2.2 附着式轮廓标

在设置护栏且需要设置轮廓标的长大纵坡事故易发路段,可采用附着式轮廓标。附着式轮廓标由反射体、支架和连接件组成,常见的类型包括梯形轮廓标、长方形轮廓标、圆形轮廓标、线形轮廓标(即铝制反光条)等,如图6-38所示。

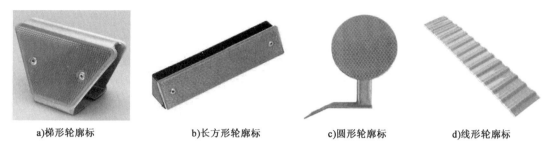

a)梯形轮廓标　　　　b)长方形轮廓标　　　　c)圆形轮廓标　　　　d)线形轮廓标

图6-38　附着式轮廓标类型

根据不同的护栏结构形式及设置部位,可采用不同类型的附着式轮廓标及对应的连接方式。下面结合标准推荐及工程应用情况,给出附着在波形梁护栏、混凝土护栏及缆索护栏上的轮廓标类型,具体如下:

(1)附着于波形梁护栏上轮廓标,包括置于波形梁板凹槽内、波形梁板上缘、立柱顶部等方式。

梯形轮廓标和线形轮廓标可附着于波形梁护栏板迎行车方向的波谷凹槽内。梯形轮廓标上底为50mm,下底为120mm,高为70mm,通过波形梁板与立柱的连接螺栓进行固定;线形轮廓标尺寸因地制宜合理确定,通过连接件栓接固定在波形梁板上,如图6-39所示。

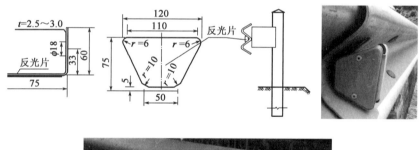

图6-39　附着于波形梁护栏板凹槽内的轮廓标(尺寸单位:mm)

圆形轮廓标可附着于波形梁护栏板的上缘,或波形梁护栏的立柱顶部,其直径一般为100mm,可分为单面反射和双面反射两种,双面反射设置形式适用于需要为对向车道提供视线诱导的情况,例如中央分隔带位置,如图6-40所示。这种设置形式主要适用于经常有雾、风沙、阴雨、下雪、暴雨等地区,便于驾驶员更加清晰地看清前方公路线形条件。

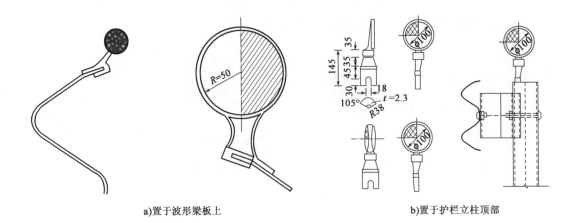

a) 置于波形梁板上　　　　　　　　　　b) 置于护栏立柱顶部

图 6-40　附着于波形梁护栏的梁板上缘或立柱上的轮廓标（尺寸单位：mm）

(2) 附着于混凝土护栏上轮廓标，主要包括置于混凝土护栏墙体和顶部两种形式。梯形轮廓标、长方形（长边 180mm、短边 40mm）轮廓标、线形轮廓标可附着于混凝土护栏迎撞面墙体上，高度根据实际情况具体确定，一般通过螺栓进行固定，如图 6-41 所示。圆形轮廓标则附着于混凝土护栏顶部，常用于中央分隔带整体式混凝土护栏结构，如图 6-42 所示。

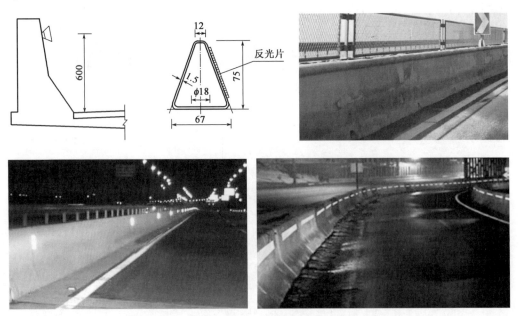

图 6-41　附着于混凝土护栏墙体的轮廓标（尺寸单位：mm）

(3) 附着于缆索护栏上的轮廓标，可通过夹具将轮廓标固定在缆索上（图 6-43），但通过前面的分析，缆索护栏不适用于高速公路长大纵坡事故易发路段，在此不再详述。

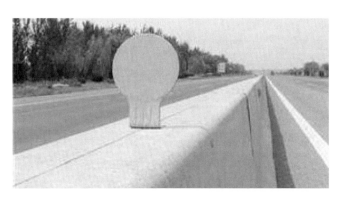
图6-42 附着于混凝土护栏顶部的轮廓标

图6-43 附着于缆索护栏上的轮廓标

同时,关于附着式轮廓标的材料,其支架和连接件可采用铝合金、钢板、合成树脂类材料、蓄能自发光材料制作;反射体的材料也是五花八门,从类似汽车尾灯用的塑料反射器,到衣物用的各种柔性反光材料(如棱镜、玻璃珠),再到交通标志用的反光膜等都有应用。

6.4.3 形式选择

通过总结研究与应用经验,结合规范相关规定,下面给出选择高速公路长大纵坡事故易发路段轮廓标形式的几点建议:

(1)所采用的轮廓标,应能满足降雪、降雨等特殊天气条件下显示高速公路长大纵坡事故易发路段轮廓的功能要求。

(2)在标准段,建议波形梁护栏采用梁板凹槽内设梯形轮廓标,混凝土护栏采用墙体上设长方形轮廓标。

(3)在小半径弯道或线形特殊的事故高发位置,从加强纵向和竖向诱导效果角度出发,建议采用多种轮廓标组合诱导的方式,如护栏板上梯形轮廓标和线形轮廓标纵向组合[图6-44a)]、护栏立柱上圆形轮廓标和波形梁板上梯形轮廓标竖向组合[图6-44b)]等,强化前方公路线形轮廓,提高对驾驶员的视线诱导和警示作用,降低该路段的事故概率。同时,从轮廓标设置的简洁性、准确性角度考虑,组合诱导的设施不宜超过3种。

a)梯形轮廓标和线形轮廓标纵向组合 b)圆形轮廓标和梯形轮廓标竖向组合

图6-44 多种轮廓标组合诱导

(4)在长大纵坡事故易发路段设置轮廓标的基础上,还可辅助设置其他形式的轮廓显示设施,如在护栏立柱上粘贴反光膜,如图6-45所示。

图6-45　辅助设置立柱反光膜

(5)所选取设置的轮廓标应美观、简洁,并具有较好的防盗、防破坏性能。

(6)轮廓标的反光特性,应能配合反光标线很好地描述公路的线形轮廓,并有别于其他反光物,使夜视效果达到最佳。

第7章 长大纵坡事故易发路段避险车道设置研究

7.1 概 述

根据前面章节的介绍及实际应用效果,高速公路长大纵坡事故易发路段通过采用系列化的主动预防措施,可以起到降低恶性交通事故发生概率的作用。然而,受到驾驶行为、车辆性能、交通环境等不确定因素的影响,运行车辆(尤其是大型货车)制动失效的情况仍时有发生,无法完全规避,且如果这些车辆继续在公路主线上行驶,将会对其他正常车辆的安全运行带来巨大威胁,极易引发惨烈的追尾、坠崖、穿越中央分隔带等事故(图7-1),后果不堪设想。为了减少此类交通事故,通过总结国内外的实践经验,设置"避险车道"是最为有效的一种工程技术措施,其可将失控车辆从公路主线行车道中分离出来,避免对主线车辆造成干扰,并引导失控车辆驶入专用车道,利用重力减速度或通过滚动阻力来消减其动能,以安全的速度平稳地减速停车,从而更好地保护失控车辆及其他正常行驶车辆的安全,减少严重事故发生。

图 7-1 高速公路长大纵坡事故易发路段车辆制动失效引发多车碰撞事故

关于避险车道，在实际工程应用及相关文献资料中的表述方式较为多样，如自救匝道、紧急停车处、制动失效缓冲车道等，且对其的定义也较为模糊。本书则依据《公路工程技术标准》（JTG B01—2014）和《公路交通安全设施设计规范》（JTG D81—2017），统一采用"避险车道"的表述方式，且《公路工程技术标准》（JTG B01—2014）明确避险车道的定义为"在行车道外侧增设的、供制动失效车辆驶离、减速停车、自救的专用车道"。

避险车道作为一种特殊的安全设施，需要根据高速公路长大纵坡事故易发路段的地形环境、线形条件、交通特性及气候等情况，综合考虑安全合理、经济适用、绿色环保等因素，实现合理设置。下面通过总结相关研究成果与实际应用经验，对避险车道的类型、设置原则、设置位置、几何设计、制动床集料、配套交通安全设施、救援、养护等进行详细介绍。

7.2 避险车道类型

通过总结避险车道近几十年来的发展进程，按照时间顺序可将其划分为重力型避险车道、砂堆型避险车道、制动床型避险车道、紧邻行车道式避险车道及网索式避险车道五种类型，具体介绍如下。

7.2.1 重力型避险车道

重力型避险车道在早期山区公路上应用较为普遍，通常是在主线行车道外侧修建较陡的上坡，或利用废弃且为上坡方向的旧路，作为制动失效车辆减速停车的场所，如图 7-2 所示。重力型避险车道一般坡度较陡、坡道较长，采用铺砌的路面或紧密压实的集料表面，滚动阻力起到的作用很小，主要依靠重力让制动失效车辆减速停车。然而，在重力作用及未设有效拦截装置的情况下，减速停驶的车辆可能发生溜车甚至退回到公路主线的情况，这种折返现象极易引发恶性二次事故。因此，重力型避险车道是最不理想的类型，目前在实际工程中已停止使用。

图 7-2　重力型避险车道

7.2.2 砂堆型避险车道

砂堆型避险车道由松散干燥的砂堆积而成，主要依靠砂提供的滚动阻力使制动失效车辆减速停车，如图 7-3 所示。砂堆型避险车道减速效果明显，不需要设置很长的距离，工程造价很低，但较大的减速度也会给车辆及驾乘人员带来较大程度的伤害，且砂容易受到天气影响而潮湿板结，降低其减速性能，需要定期翻松砂堆来保持砂的松散、干燥，后期维护工作量较大，仅适用于降水稀少的地区。因此，砂堆型避险车道在安全性、适用性及维护方便性方面存在较为明显的弊端，已逐渐停止使用，我国相关的使用经验亦甚少。

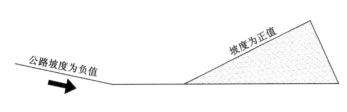

图 7-3　砂堆型避险车道

7.2.3　制动床型避险车道

制动床型避险车道是指在公路主线外设置一条独立的专用车道,制动床内铺设有不易板结的松散集料,通过集料获取较大的滚动阻力,让制动失效车辆平稳减速停车。制动床型避险车道按照坡度又可分为上坡型、平坡型、下坡型三种类型。

上坡制动床型避险车道是指通过借助地形或人为填方的方式,使制动床的坡度为正值上坡,坡度阻力方向与制动失效车辆运动方向相反,既利用上坡构造提供的重力坡度阻力,又利用制动床集料提供的滚动阻力,两者共同作用使制动失效车辆减速停车,且停在制动床中,不会溜车,如图 7-4 所示。该类型避险车道可以更有效地减小失控车辆制动距离,缩短制动床长度,节省占地面积,适用于地形条件受限的路段。但其也有缺点,如果路外没有上坡地形可借助,填方工程量势必较大,建设成本也会更高。

图 7-4　上坡制动床型避险车道

平坡制动床型避险车道是指制动床的坡度为 0% 的平坡,主要依靠制动床内填充集料的滚动阻力使制动失效车辆减速停车,如图 7-5 所示。该类型避险车道适用于路外宽阔、地势平坦的路段,能够大幅度减小填方工程量,但因纵坡无法起到减速消能作用,制动床长度一般大于上坡制动床型避险车道。

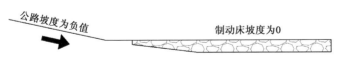

图 7-5　平坡制动床型避险车道

下坡制动床型避险车道平行且紧贴于公路主线，制动床的坡度为负值下坡，坡度阻力方向与制动失效车辆运动方向一致，无法提供重力坡度阻力，仅依靠制动床内填充集料的滚动阻力使制动失效车辆减速停车，如图7-6所示。该类型避险车道适用于路外宽阔、地势呈下坡走向的路段，填方工程量较少，但因制动床纵坡不能起到减速消能的作用，为了给车辆提供足够的减速空间，制动床长度需要设置更长，一般要大于上坡和平坡制动床型避险车道的长度，且车辆清障时为上坡方向拖拽，会对清障车辆作业带来一定困难。

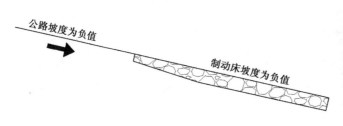

图7-6　下坡制动床型避险车道

上述三种制动床型避险车道中，上坡型是我国应用最为广泛的一种避险车道类型，原因是我国公路（尤其山区公路）所处地形条件较差，桥隧及高陡边坡比例较高，可供设置避险车道的空间有限，制动效率更高、制动距离更短的上坡制动床型避险车道更为合适，且相关的研究设计经验较为丰富，也取得了较好的应用效果。平坡型和下坡型则在国外（如美国）较为常见，原因是这两种类型的避险车道对公路条件要求较高，国外地形条件较好，在主线旁可根据主线的走势进行设置，甚至避险车道的入口和出口还可与主线相连，制动性能恢复正常后还可以驶回主线继续行驶，但我国相关的研究应用经验较少，其设置条件及具体参数指标与上坡型有较大区别，在工程应用中还应根据实际情况通过系统研究确定是否采用。

7.2.4　紧邻行车道式避险车道

紧邻行车道式避险车道设置在公路主线行车道外侧，但与公路主线不分离且平纵线形一致，一般利用部分硬路肩（适用于硬路肩较宽的情况）或在硬路肩外单独加宽车道，通过与路侧护栏或山体配合构成一条专用车道，车道内填充集料，为制动失效车辆提供足够滚动阻力，使其安全减速停车，如图7-7所示。同时，该避险车道的入口和出口还可与主线相连，制动失效车辆在制动床内减速至安全速度或恢复制动性能后，可自行驶回主线继续行驶，也可停车后等待救援。需要强调的是，制动床内集料在使用过程中可能迸溅到邻近的行车道上，如养护清理不及时会对主线正常行驶车辆形成安全隐患。

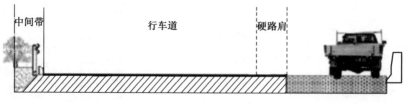

图　7-7

图 7-7 紧邻行车道式避险车道

紧邻行车道式避险车道适用范围较广,具有车辆减速实时性、有效性和工程经济性的特点,国外已应用较多,国内还处于探索研究阶段。据了解,目前福建省正在进行这种类型避险车道的研究,甘肃省正在进行试用,具有较好的研究应用前景。

7.2.5 网索式避险车道

网索式避险车道是通过网索-阻尼系统来辅助或代替制动坡床,实现对失控车辆的减速消能。网索-阻尼系统主要由阻拦网、传力索、阻尼器组成,通过合理设计,为失控车辆提供平稳的阻尼力,使车辆运行速度缓慢降低,避免减速度过大时货物因惯性前移挤压驾驶室,且网索使用后能够快速复原,便于后续失控车辆使用避险车道。

网索式避险车道的工作过程为:失控车辆冲入网索式避险车道后,车头接触阻拦网,阻拦网带动传力索随车辆前行,由传力索将冲击力传递到阻尼器,阻尼器在传力索的拉动下发生转动,阻尼器通过制动片摩擦或搅拌臂搅拌提供拦截阻力,从而通过阻尼力吸收失控车辆的动能,直至车辆停驶。

图 7-8 为网索-阻尼系统的结构组成和工作原理示意图。

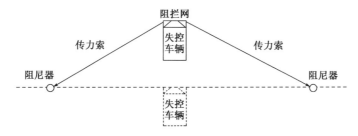

图 7-8 网索-阻尼系统的结构组成和工作原理

网索式避险车道技术成果在国内外均有所涉及。其中,国外网索式避险车道研究起步较早,由早期美国军工企业研制的航空母舰舰载飞机拦截系统转化而来,于 20 世纪 70 年代初被引入高速公路安全防护系统,已拥有较为成熟的技术成果,具有代表性的是亚利桑那交通研究中心(Arizona Transportation Research Center,ATRC)研发的网索货车避险系统。同时,该网索-阻尼系统可增设在铺有集料的传统避险车道上,也可在混凝土路面制动床避险车道上单独使用,应用效果均较好,如图 7-9 所示。然而,国外类似的网索-阻尼系统多数为专利技术,且产品造价普遍较高,并不适于在我国推广应用。

a) 传统避险车道上增设网索-阻尼系统

b) 混凝土路面上单独设置网索-阻尼系统

图 7-9　国外网索式避险车道

我国网索式避险车道研究起步相对较晚,但也取得了一些技术成果。例如,云南蒙新高速公路、四川雅泸高速公路研发了用于避险车道的网索-阻尼系统,主要用于传统上坡制动床型避险车道的结构设计中。该网索-阻尼系统可通过调整网索两端阻尼器的阻尼力、网索布设的距离和道数,满足不同车辆质量和速度组合情况下的长大纵坡事故易发路段失控车辆防护要求,起到辅助减速消能的作用,缩短制动床设置长度,降低车辆冲出避险车道的事故概率。

网索-阻尼系统由阻尼器、阻拦网、传力索组成。其中,阻尼器分为搅拌式和制动盘式两种类型,均具有结构易操作、可重复利用及平缓地对车辆施加阻尼力的功能,且制动盘式较搅拌式可提供更大、更稳定、可调节的输出力。阻拦网高度取值一般在 1.3~1.5m,对车辆拦截的作用点较高,降低车头绊阻的概率,且拦截车辆部分的作用长度不小于制动床宽度。阻拦网通过支架支撑使之直立于避险车道制动床上,支架采用矩形管、工字钢等型钢制作。传力索采用公称抗拉强度为 1770MPa 或以上的纤维芯钢丝绳,钢丝绳公称直径大于 20mm,多道钢丝绳之间的距离不大于 15cm。制动坡床前端阻拦网的两端通过传力索钢丝绳与阻尼器相连,制动坡床末端阻拦网的两端要有效锚固于混凝土基础上,混凝土基础可与制动坡床混凝土护栏浇筑为一体。

图 7-10 为我国网索式避险车道的结构形式、实车试验情况及工程应用效果。

a) 结构形式

b) 实车试验

c) 工程应用

图 7-10 国内网索式避险车道

目前,关于网索式避险车道的研究工作仍在持续进行中,如山东省正在研究试用混凝土路面制动床的避险车道,仅通过网索-阻尼系统消耗失控车辆动能。这些设施目前均在试用中,经运营效果检验,满足安全和使用功能要求时可推广使用。

综上所述,随着技术水平的进步及工程经验的积累,公路长大纵坡事故易发路段应用的避险车道类型越来越多样,但上坡制动床型避险车道仍是国内外使用最广泛和最有效的避险车道类型,工程设计时应优先选用这种避险车道,本章后续也主要针对上坡制动床型避险车道进行介绍。

7.3 避险车道设置影响因素与设置原则

避险车道的合理设置,对于减少重特大事故发生、提高长大纵坡事故易发路段安全水平、降低工程造价具有重要作用。

7.3.1 设置影响因素

避险车道设置最主要的影响因素是失控事故率。对于已运营公路,避险车道设置的重要依据是调查事故发生的地点和频率等因素;对于新建公路,由于缺乏事故资料,几何线形(坡度、坡长、平曲线等)、车辆组成、地形条件及经济成本等因素作为避险车道设计的依据。综合国内外的研究及应用情况,避险车道的设置影响因素主要可以从以下五个方面考虑:

1)失控事故率

避险车道主要为制动失效事故车辆设置,其设置首要考虑因素为失控事故率,在各影响因素中,其权重也最大。货车在长大纵坡事故易发路段由于长时间使用行车制动器,制动鼓温度过高,是导致制动失效的主要原因,可在综合分析制动鼓温度和失控事故位置分布的基础上确定避险车道设置位置。

2)几何线形

长大纵坡事故易发路段的坡度对车辆行驶速度影响较大,车辆为控制车速往往采取长时间、长距离的持续制动方式,坡度和坡长对制动鼓的温升影响较大,影响车辆的失控地点和失控速度。同时,小半径平曲线使制动失效车辆的驾驶员增加了对车辆的控制难度,通过对制动失效车辆进行动力分析,当车辆向平曲线内侧偏转一个微小角度时,车辆实际转弯半径一般远小于道路平曲线半径,且接近车辆横向滑移最小半径,加之制动失效车辆一般速度较高,在行至小半径平曲线路段时发生翻车或冲出路外的事故概率增大,易造成人员伤亡。因此,道路纵坡度、坡长、平曲线半径等几何线形也是避险车道设置需考虑的因素。

3)交通量和大型货车所占比例

长大纵坡事故易发路段交通状况不同,其交通安全问题也不同。根据对长大纵坡事故易发路段交通事故特征的分析可知,制动失效事故中大型货车比例较大。如果大型货车在交通量中所占比例较高,制动失效事故率就会高于其他路段;如果交通量较大,对于其他正常行驶车辆的碰撞概率加大,事故风险高,则有必要针对货车事故多发位置设置避险车道。因此,交通量和大型货车所占比例也是避险车道设置影响因素。

4)地形条件

由于公路长大纵坡事故易发路段沿线地形、地质条件复杂多样,避险车道一般在主线外侧设置,路侧地形条件决定着是否有空间设置避险车道。设计时最好选择挖方山体或路侧山包作为设置避险车道的路段。在条件受限时可采用设置长度更短的网索式避险车道或其他强制减速设施,弥补不能设置避险车道的不足。

5)工程造价

建设成本也是避险车道设置需考虑的重要因素,需与本路段的路侧地形条件、构造物及事故率等因素综合分析确定。

7.3.2 设置原则

避险车道是长大纵坡事故易发路段的一种重要工程技术设施,下面从安全经济、合理适用角度出发,结合相关标准规范规定,给出避险车道的设置原则。

(1)避险车道应设置在车辆制动易失效路段。根据长大纵坡事故易发路段事故特征统计,制动失效事故一般发生在长大纵坡事故易发路段的坡底段,应重点在此类路段考虑设置。不必要的避险车道应避免设置,在长大纵坡事故易发路段坡顶段(若长大纵坡事故易发路段很长可不受此限制)或紧接下坡的上坡路段不宜设置避险车道。同时,对于新建公路,当平均纵坡和坡长满足表7-1的规定,且交通组成的货车构成比例达到20%~30%时,宜结合交通安全评价结论,考虑设置避险车道;对于已运营公路,应在货车制动失效事故多发段(点)设置避险车道。

长大纵坡事故易发路段考虑设置避险车道的平均纵坡和坡长　　　　表7-1

平均坡度(%)	2.5	3.0	3.5	4.0	4.5	5.0	5.5	6.0
连续坡长(km)	20.0	14.8	9.3	6.8	5.4	4.4	3.8	3.3
相对高差(m)	500	450	330	270	240	220	210	200

(2)避险车道宜设置在长大纵坡事故易发路段右侧视距良好的路段。由于车辆制动失效时,驾驶员心理处于极度恐慌状态,避险车道较好的视认性有利于驾驶员及时做出进入避险车道的决定,并操作车辆顺利进入避险车道,否则会错过重要的自救机会,甚至引发更加惨烈的交通事故。根据《公路交通安全设施设计规范》(JTG D81—2017)第11.2.3条规定,避险车道入口之前宜采用不小于表7-2规定的识别视距。条件受限制时,识别视距应大于1.25倍的主线停车视距。

避险车道入口的识别视距　　　　表7-2

制动床入口设计速度(km/h)	120	100	80	60
识别视距(m)	350~460	290~380	230~300	170~240

(3)避险车道宜设置在较小半径的曲线路段之前。由于小半径平曲线路段往往是事故多发路段,失控车辆往往不能安全通过小半径曲线,极易发生翻车、冲出路外等严重事故(图7-11),因此,在小半径曲线前方宜设置避险车道,并尽可能设置在曲线切线方向。

图7-11　失控车辆易在小半径弯道位置发生翻车或冲出路外的事故

(4)避险车道宜设置在长大纵坡事故易发路段的路侧人口稠密区、服务区及重要构造物之前。由于失控车辆一旦冲入居民点、收费站、服务区及桥梁、隧道等构造物后,将带来更加严重的人员伤亡及财产损失(图7-12),因此需要在路侧人口稠密区、服务区及重要构造物前方设置避险车道,提前将失控车辆从主线中分离出来,减小失控车辆在这些特殊位置发生事故的概率,降低事故影响范围及严重程度。

(5)避险车道宜避开桥梁路段。由于桥梁路段事故危险程度较高,如果车辆在桥梁路段制动失效,很可能冲出避险车道,引发严重的事故后果,甚至恶性的二次事故,对桥上车辆、桥下环境及桥梁主体的安全都带来严重威胁,因此,桥梁路段不宜设置避险车道,可考虑在桥梁路段之前设置避险车道。

图7-12 失控车辆冲入居民区、收费站事故

(6)避险车道应避开隧道。由于隧道洞口的明暗视觉效应增加了驾驶员的心理、生理负荷,不利于驾驶员顺利驶入避险车道,且一旦隧道路段发生事故,隧道内视线不良,很可能发生追尾碰撞的恶性事故,影响公路正常运营,因此隧道内及出入口处不要设置避险车道,可考虑在隧道路段之前设置避险车道。

7.4 避险车道设置位置确定方法

避险车道设置时,若避险车道设置位置与车辆失控位置相对应且能确保制动失效车辆充分使用避险车道,则证明避险车道设置位置是合理的。下面对国内、外避险车道设置位置确定方法的相关研究成果进行简要介绍。

7.4.1 国外避险车道设置位置确定方法

国外对避险车道设置位置拥有了较为成熟的确定方法,包括经验法和模型计算法。

(1)经验法。英国在设计规范中指出:当事故位置决定避险车道设置位置时,必须将避险车道设置在事故多发点的上游,距事故多发点的实际距离由具体条件(如地势、线形、可视性、土地是否可用)决定,但是它应该可以使从避险车道位置到事故多发点的制动失效事故概率达到最小。新西兰在设计规范中指出:发生过失控货车事故的陡峭下坡路段可以考虑设置避险车道来让失控货车安全地、有控制地停车。南非在设计规范中指出:避险车道的位置应设置在小半径曲线之前或者小半径曲线的起点,例如:如果货车不能转过急弯驶入避险车道,那么急弯曲线之后的避险车道将不会起作用;因为车辆制动器温度是坡长的函数,避险车道一般设置在陡坡路段下半段上;避险车道不应设置在右转曲线的外侧边缘,或者在黑暗情况下车辆有误闯可能性的地点。因此,此项研究内容关键在于避险车道设置合理位置的确定。

(2)模型计算法。美国联邦公路局(FHWA)开发的坡度严重性分级系统(GSRS)是目前确定长大纵坡事故易发路段是否设置避险车道应用最为广泛的分析工具。GSRS使用预先确定的制动鼓温度限值(260℃)来建立坡道的最大安全下坡速度,以此速度在坡底紧急制动,制动鼓温度不会超过预先确定的温度限值。该系统模型纳入国际道路协会(World Road Association)连续下坡货运车辆制动鼓温升预测的主要技术方法。

同时，国外一些国家已根据本国实际情况，对如何设置避险车道进行了明确规定，并形成了标准规范，包括美国公路与运输工作者协会的《公路和街道几何设计政策》、亚利桑那州的《公路设计指导方针》、北卡罗来纳州的《公路设计手册》，澳大利亚昆士兰州的《公路规划和设计指南》，以及南非的《几何设计手册》等。

7.4.2 国内避险车道设置位置确定方法

我国对避险车道设置位置的研究起步较晚，在很长时期内，虽然避险车道数量大幅度增加，但相应的规范或指南却一片空白，各地在避险车道设置方面没有统一的遵循标准，主要依靠事故率及设计人员主观判断确定避险车道设置位置。

随着我国对避险车道研究的不断深入，以及对国内外避险车道设置研究成果及应用经验的总结分析，基于我国公路交通实际情况建立的制动器温升预测模型、车辆制动失效概率和事故预测模型也逐步用于避险车道设置位置的确定。同时，还有综合事故分布、制动失效车辆的下坡行驶速度、平曲线处的最大安全速度和车辆制动器温度的多因素组合确定方法。下面针对这些方法进行简要介绍。

7.4.2.1 制动器温升预测模型（GSRS 系统）

1）基本原理

在公路长大纵坡事故易发路段，货车驾驶员一般采用较低的行驶速度。为了使发动机辅助制动系统输出最大的制动阻力，驾驶员会以接近最大发动机转速的状态下坡，期间驾驶员想要减小车速，就必须降挡。然而，由于发动机速度接近最大，驾驶员必须通过制动操作来降低车速，但在制动热衰退的临界状态下，制动操作可能无法完成，甚至驾驶员换挡时无法挂上挡位，导致发动机制动性能完全丧失，因此货车下坡时驾驶员应尽量避免降挡操作。为了便于建模，从理想的角度出发，假设货车下坡时采用单一挡位。建立模型时，考虑理想情况，假设下坡时货车在单一挡位，且采用安全恒定的速度行驶。

针对上述理想情况，货车下坡过程中的势能发生转化，部分被发动机吸收，部分被阻力做功消散，剩余能量由制动系统转化为热能或者动能。若车辆制动性能衰退，制动系统不能吸收所有能量，超出部分将被转化为动能增量，货车速度将会持续增加且失去控制。与此同时，制动系统通过制动器衬片和制动鼓接合部位的相互摩擦作用，将机械能转化为热能，热能则直接被制动系统构件吸收，构件温度随之提升，且制动系统部件的热能以对流、辐射和传导的方式发散到环境中。

制动系统与环境之间的能量转化过程可用能量守恒方程式表示，即：

制动系统内能的变化率 = 制动系统机械能向热能的转化率 − 热量从制动系统传出的传出率

该公式则是温升模型的基本原理式。

根据上述基本原理，分析货车下坡行驶的制动过程为：车辆进入下坡路段后，通过使用制动器让车速趋于恒定，制动系统能量输入逐渐稳定。如果制动系统热能传出率小于机械能向热能的转化率，则随时间推移，制动系统温度持续上升，机械能向热能的转化率则有所下降，当某一时刻制动系统传出的热量刚好等于进入制动系统的能量，制动系统温度与外界环境温度之差趋于恒定。若在达到平衡前，制动系统温度已达到失效温度，车辆便会失控。

当货车制动系统具有较高的热容量时，输入给定的能量，制动系统温度升高的速度会较慢。当制动系统具有较高的热传导系数或较大的散热面积,则提高了热量的传出率,相对地,达到平衡时的温度降低。另外,较高的热传导系数还将有利于制动系统尽快达到平衡状态。

2)建立制动器温升预测模型

(1)货车下坡过程受力分析。

长大纵坡事故易发路段,货车制动过程中主要受重力、路面支撑力、制动力、非制动阻力共四种力的作用。为了分析货车制动问题,重点考虑重力和车辆行驶方向的制动力和非制动力,如图7-13所示。

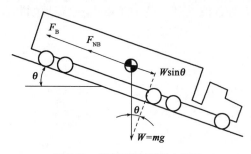

图7-13 货车下坡过程受力分析

令货车下坡运行的加速度为 a,则受力平衡方程为:

$$ma = W\sin\theta - F_B - F_{NB} \tag{7-1}$$

式中:F_B——制动力,N;

F_{NB}——非制动阻力,N;

W——货车重力,N;

θ——坡度,(°);

m——货车质量,kg。

其中,非制动阻力(F_{NB})由空气阻力(F_w)、滚动阻力(F_f)、底盘摩擦阻力(F_{cf})和辅助制动阻力(F_{eng})组成。

①空气阻力。车辆在行驶过程中受到的空气阻力主要与车辆的外形和速度直接相关,我国一般用空气阻力系数与车辆的迎风面积的乘积表示车辆外形的影响,则有:

$$F_w = \frac{C_D A}{21.12} v^2 \tag{7-2}$$

$$P_w = \frac{C_D A}{76.14} v^3 \tag{7-3}$$

式中:F_w——空气阻力,N;

P_w——空气阻力做功的功率,kW;

C_D——空气阻力系数;

A——车辆迎风面积,m²;

v——车速,km/h。

②滚动阻力。车轮受到的滚动阻力一般用车辆受到的重力和滚动阻力系数的乘积来表示,则有:

$$F_f = Wf \tag{7-4}$$

$$P_f = \frac{Wfv}{3.6} \tag{7-5}$$

式中:F_f——滚动阻力,N;

f——滚动阻力系数,有关研究表明,f 是车速 v 的函数。

③底盘摩擦阻力。由货车底盘各种传动机构运转时的摩擦力组成,与发动机转速和车重

密切相关,是车速、挡位和车重的函数。

④辅助制动阻力。我国货车最常用的辅助制动装置是发动机缓速器或排气制动系统,在排气制动阀闭合的情况下,发动机缓速器消耗车辆动能的能力取决于发动机在特定转速下的输出功率。而发动机的转速取决于下坡时的车速和挡位。因此,发动机辅助制动装置的制动力可以表示为:

$$F_{\text{eng}} = 3.6 \frac{P_{\text{eng}}(G_{\text{T}i}, v)}{v} \tag{7-6}$$

式中:F_{eng}——发动机辅助制动装置的制动力,N;

P_{eng}——发动机辅助制动装置的功率,kW,是$G_{\text{T}i}$和速度v的函数;

$G_{\text{T}i}$——挡位i的传动比。

一般而言,功率P_{eng}随着发动机转速的增加而增加,而在最大发动机转速附近会下降。在这种情况下,P_{eng}的大小则主要取决于发动机功率的大小。

综上所述,非制动阻力F_{NB}可以表示为:

$$F_{\text{NB}} = F_{\text{w}} + F_{\text{f}} + F_{\text{cf}} + F_{\text{eng}} \tag{7-7}$$

(2)模型建立。

由热力学原理可知,制动系统的内能(热能)与温度成比例,制动系统的全部热容量为$m_{\text{B}}C$。制动系统中机械能向热能转换的转换率等于输入制动系统的功率P_{B}。制动系统传出热量的方式主要是对流、传导和辐射。有研究表明,其中大部分热量通过制动鼓的外表面以对流的方式传入周围的气流中。因此,根据牛顿冷却公式,热量的传出率近似为$hA_{\text{C}}(T - T_{\infty})$($T$为制动系统温度,$T_{\infty}$为环境温度,$A_{\text{C}}$为制动系统的有效热传导面积),作为一种特定的物质,对流和辐射之间相对较小的影响集中在对流上,因此h为有效对流传导系数。由上述能量守恒方程可得到一阶线性微分方程:

$$m_{\text{B}}C \frac{\mathrm{d}T}{\mathrm{d}t} = P_{\text{B}} - hA_{\text{C}}(T - T_{\infty}) \tag{7-8}$$

其中,左侧第一项代表内能变化率,右侧第一项代表输入制动系统的功率,第二项代表热传导率。

式(7-8)中,制动系统的输入功率$P_{\text{B}} = \frac{1}{3.6} F_{\text{B}} v$。制动系统有效热质量$m_{\text{B}}$、制动系统有效面积$A_{\text{C}}$和制动系统特定的热容量$C$是与车速无关的常数,有效热传导系数$h$是速度的函数。根据上文速度恒定的假设,只要给出制动力F_{B}的计算方法,即可根据给定的制动系统初始温度对式(7-8)进行求解。

根据相关研究分析可知,制动系统可获得的有效制动力影响因素较多,直接求解非常困难。注意到货车下坡过程中,根据不失控的需求和匀速下坡的假设,可由式(7-1)货车下坡受力分析求解制动力。

由式(7-1)可得:

$$F_{\text{B}} = W \left(\sin\theta - \frac{a}{g} \right) - F_{\text{NB}} \tag{7-9}$$

式(7-9)反映了车辆在任意状态下的动态平衡。根据匀速下坡的假设,车辆在失控时$a = 0$。同时因坡度θ较小,$\sin\theta$近似等于θ,因此有:

$$F_B = W\theta - F_{NB} \tag{7-10}$$

可见在匀速下坡的假设下,F_B 和 P_B 也为常量。

由此求解单一坡度匀速下坡情况下的制动器温度初值问题:

$$T(t) = T_0 + (T_\infty - T_0 + K_2 P_B)(1 - e^{-k_1 t}) \tag{7-11}$$

其中,$K_1 = hA_C/m_B C$ 是热时间常数的倒数;$K_2 = 1/hA_C$ 是总传热参数的倒数,通过 h 两个都可以写成速度的函数。

由于很多情况下关心的是从坡顶起下坡行驶一段距离 x 后的制动器温度,因此,式(7-11)还可以写成:

$$T(x) = T_0 + (T_\infty - T_0 + K_2 P_B)(1 - e^{-3.6K_1 x/v}) \tag{7-12}$$

随着距离的无限延长,指数项 $(1 - e^{-3.6K_1 x/v})$ 趋近于 1。同时,制动器温度达到稳定状态的值 T_{SS}:

$$T_{SS} = T_\infty + K_2 P_B \tag{7-13}$$

如果取合理近似 $T_0 = T_\infty$,则有温度上升的近似值:

$$T - T_\infty = K_2 P_B (1 - e^{-3.6K_1 x/v}) \tag{7-14}$$

代入式(7-12)得:

$$T(x) = T_0 + \left\{ T_\infty - T_0 + K_2 \left[\frac{1}{3.6} \left(W\theta - F_{drag}(W,v) \right) V + P_{eng}(G_{T_i}, v) \right] \right\} (1 - e^{-3.6K_1 x/v}) \tag{7-15}$$

其中,$K_1 = hA_C/(m_B C)$;$K_2 = 1/(hA_C)$;h 为 v 的函数。

式中的常量有:

T_∞——制动鼓外部环境温度;

T_0——制动鼓初始温度;

A_C——制动系统的有效热传导面积;

m_B——制动系统的有效热质量;

C——制动系统的热容量。

式中的自变量有:

W——货车总重;

θ——纵坡段的坡度;

x——到坡顶的距离;

v——货车下坡的平均速度;

G_{T_i}——第 i 个挡位的传动比。

(3)模型总结。

制动器温升预测模型的最终形式见式(7-15)。

该模型基于的假设为:①单段纵坡路段,坡度恒定、挡位恒定、车速恒定;②未出现失控现象,纵向加速度为 0;③非制动阻力为常量;④货车未设置发动机缓速器以外的辅助制动装置;⑤忽略车重对底盘摩擦和滚动阻力的影响。

该模型的特点为:①存在一个下坡坡度的温升阈值 (θ_0),代表可以使用 0 制动力的最大下坡速度。由需求制动力的定义,有:$\theta_0 = F_{NB}/W$。②下坡的最初阶段有一个温度快速提升的过程,之后,温升趋于平缓并以渐近线的形式,接近一个稳态值 T_{ss},见式(7-13),在同一下坡速度下该稳态值与坡度是一一对应的。③在坡长一定的情况下,达到稳态的制动系统温度随坡度线形变化。④坡度越陡,坡底制动系统温度随坡长的增加而升高的速度越快。⑤在下坡车速和线形一定时,坡底制动系统温度随车重线形变化;在车重一定时,车速越快坡底制动温度越高,但 $v>30\text{m/h}$(约 48.3km/h)后这种变化随车速增加而趋于平缓,接近恒定甚至有所下降;⑥车重越大,坡底制动温度随车速的增长速度越快。

7.4.2.2 车辆制动失效概率和事故预测模型

1)建立车辆制动失效概率和事故预测模型

由于长大纵坡事故易发路段几何线形不同、货车轴数及载重不同,车辆发生制动失效事故的概率也不同,且交通量与货车所占比例也是影响长大纵坡事故易发路段事故发生的重要因素。因此,选定车辆制动失效事件发生概率和事故发生次数作为预测指标,用某一长大纵坡事故易发路段一年内(任何一种车型)可能开始发生 1 次制动失效事件的事故点作为判断是否设置避险车道的依据。

(1)货车能量转换分析。

货车下坡过程中的能量包括动能和势能。一般情况下,驾驶员通过换挡或采取制动等方式使车辆保持速度稳定,模型建立则从理想角度出发,按照货车下坡过程中保持恒定速度,动能不变。根据能量守恒原理,车辆势能的改变量($\Delta E_{势}$)必然转变为其他能量,经分析,这部分能量转化为轮胎与地面之间的摩擦消耗能量、车辆与空气之间的摩擦消耗能量和制动器消耗的能量。由于车辆下坡过程一般速度较低,偏安全考虑,不考虑空气阻力的影响。

由此,质量为 m 的汽车,从坡顶下坡行驶路程为 S,在单一坡度的情况下,则有:

$$\Delta E_{势} = mgS\rho \tag{7-16}$$

式中:m——车辆质量;
  g——重力加速度;
  S——下坡道路的实际长度;
  ρ——路面纵坡坡度。

该过程中势能转化成的热能为:

$$W = mgS\rho\left(1 - \frac{f}{\rho}\right) \tag{7-17}$$

式中:W——势能转化成的热能;
  f——车轮与路面间滚动阻力系数。

在多个不同坡度组成的下坡情况下,势能转化成的热能为:

$$W = mg\sum S_i\rho_i\left(1 - \frac{f}{\rho_i}\right) \tag{7-18}$$

式中:S_i——第 i 个路段长度;
  ρ_i——第 i 个路段纵坡坡度。

(2)制动器吸收热能比例模型。

汽车从坡顶下坡至距离 S 处时,汽车的势能大部分转化为热能,但只有其中一部分势能被制动器吸收变为制动器的内能,从而使制动器温度升高,其他势能则散发至路面、车轮、空气和通过制动器传给车体。制动器吸收能量的多少与下坡速度、大气温度、驾驶员特性，以及车辆的制动器结构、材料等一系列因素有关，如果将这些因素都加以考虑，是不必要也是难以量化的，因此只需确定主要影响因素与制动器吸收比例的关系，建立它们之间的数学模型。

通过事故调查和分析国内外相关研究资料，我们发现下坡速度对制动器温度升高的影响是很显著的，因此，在建立模型时将主要对下坡路段运行速度与制动器吸收能量比的关系进行分析，建立相关的数学模型。

根据调查，在长大纵坡事故易发路段，驾驶员一般采用持续的制动使车辆在某一速度的很小范围内波动，因此可以假设车辆在下坡过程中保持速度 v 运行。为了找出下坡速度与吸收比例间的函数关系，我们考虑了两种极端的情况：如果 v 极小，下坡极慢，热能基本上全部散去，制动器吸收比例为 0；如果 v 极大，下坡极快，热能基本上全部被制动器吸收，吸收比例为 1。根据以上关系并结合数学建模的相关知识，制动器吸收能量比与车辆在长大纵坡事故易发路段运行速度的数学模型为：

$$R(v) = 1 - e^{-kv} \tag{7-19}$$

式中：$R(v)$——制动器吸收热能比；

v——车辆运行速度；

k——制动器吸热比例参数，通过实车试验获得，取 0.0424。

通过以上分析计算，车辆在长大纵坡事故易发路段行驶时，制动器吸收的热能值计算公式为：

$$w = mg \sum S_i \rho_i (1 - f/\rho_i)(1 - e^{-kv}) \tag{7-20}$$

式中：m——车辆质量；

f——车轮与路面间滚动阻力系数；

S_i——第 i 个路段长度；

ρ_i——第 i 个路段纵坡坡度；

v——车辆运行速度。

(3) 模型特征分析。

根据长大纵坡事故易发路段的调查，所建立的长大纵坡事故易发路段车辆制动失效预测模型应具有以下特征：①制动器吸收的能量小于某一能量值 w_0 时，车辆不会发生制动失效，在长大纵坡事故易发路段运行安全。②制动器吸收的能量大于 w_0 时，由于天气、驾驶员驾驶特性的影响，特别是采取加水或其他辅助制动等措施的影响，车辆并不一定会制动失效，而是存在制动失效的可能。③在制动器吸收的能量值大于 w_0 时，其吸收的能量越大即其距离坡底越近，制动失效的危险性就越大。④制动失效预测模型应反映以下事实：在长大纵坡事故易发路段，当运行速度相同时，载质量越大的车辆发生制动失效事故的概率越大。

(4) 模型形式。

基于以上特征，制动器吸收能量与车辆制动失效的数学模型采用如式 (7-21) 所示的概率模型，能很好地描述长大纵坡事故易发路段车辆制动失效的实际情况：

$$P_{(w)} = \begin{cases} 0 & w \leq w_0 \\ F_{(w)} & w > w_0 \end{cases} \tag{7-21}$$

式中：$P_{(w)}$——车辆制动器吸收能量为 w 时，车辆制动失效的概率；

w_0——制动器吸收能量的临界值，大于这个临界值时，车辆才可能制动失效；

$F_{(w)}$——车辆吸收能量值 w 大于 w_0 时,车辆制动失效的概率函数式。

长大纵坡事故易发路段制动失效事故发生的概率密度具有随制动器吸收热能增加而逐渐增加的趋势,即车辆发生制动失效事故的概率密度符合直线分布,见式(7-22)。

$$p'_{(w)} = aw + b \tag{7-22}$$

根据前面对该制动失效概率函数的分析,可以得出:

① $P_{(w)} = 0$,当 $w < w_0$ 时,车辆不会制动失效,概率为 0;
② $p'_{(w)} = 0$,在 w_0 处,概率不会突然变化,即 w_0 点概率密度为 0。

$$F_{(w)} = P_{(w)} = \int_0^w p(w)\mathrm{d}w = \int_0^w (aw+b)\mathrm{d}w = A(w-w_0)^2 \tag{7-23}$$

式中:A——二次函数的参数,$A = -b/(2w_0)$。

则长大纵坡事故易发路段车辆发生制动失效事故概率预测模型为:

$$P_{(w)} = \begin{cases} 0 & w \leqslant w_0 \\ A(w-w_0)^2 & w > w_0 \end{cases} \tag{7-24}$$

将式(7-20)代入式(7-24),则模型最终形式为:

$$P_{(w)} = \begin{cases} 0 & w \leqslant w_0 \\ A[mg \times \sum S_i\rho_i(1-f/\rho_i)(1-e^{-kv}) - w_0]^2 & w > w_0 \end{cases} \tag{7-25}$$

式中:$P_{(w)}$——制动失效概率;
w——制动器吸收能量;
w_0——制动失效时制动器吸收能量临界值;
k——制动器吸热比例参数;
S_i——路段长度;
ρ_i——路段坡度;
f——滚动阻力系数;
m——车重;
g——重力加速度;
A——概率函数参数。

根据长大纵坡事故易发路段的失控事故详细资料,获得相关事故车辆失控的概率和能量值的对应关系,回归方程中的参数 A 和 w_0,最后求得 A 取 6.282×10^{-7},w_0 取 $0.6359 \times 10^7 \mathrm{J}$。

前面建立的长大纵坡事故易发路段车辆发生制动失效事故概率预测模型为单种车型单一车辆制动失效概率和事故预测模型,则:

$$N = \sum T_i \times p(w)_i \tag{7-26}$$

式中:N——实际交通组成下全年发生制动失效事故次数;
T_i——第 i 种车型全年总交通量;
$p(w)_i$——i 种车型在全年交通量条件下的失控概率总和。

将路段实际交通组成下全年发生制动失效事故次数 N 大于 1 时所对应的长大纵坡事故易发路段位置至坡底路段,定为制动易失效路段,在该路段需考虑设置避险车道。

2)车辆制动失效概率和事故预测模型使用方法

采用车辆制动失效概率和事故预测模型进行制动易失效路段的判定,进而获取需设置避

险车道的路段。对于已开通和新建的公路均适用,采用该方法确定避险车道设置路段的主要步骤如下:

(1)确定长大纵坡事故易发路段,并取得整个长大纵坡事故易发路段的平纵线形参数指标资料。

(2)获取交通特征参数,主要包括:路段的交通量和车型比例,重点是货车的车型比例及数量;各车型货车的平均载重以及车辆运行速度等资料(对于新建道路可从该路段工程可行性研究报告中的预测数据获得,对于已开通道路可通过实地调查获得)。

(3)将获得的上述数据代入式(7-25)及式(7-26),计算得到该路段全年发生1次制动失效事故的位置。

(4)将该路段全年发生1次制动失效事故的位置至坡底路段作为需设置避险车道的路段。

(5)结合实际地形条件及工程造价等多方面因素具体确定避险车道设置位置。

7.4.2.3 多因素组合确定方法

对于已开通运营的道路,在各影响因素中,事故发生地点分布、制动器温度、制动失效车辆的下坡行驶速度和平曲线处的最大安全速度是决定避险车道位置的主要因素。

该方法确定避险车道位置的步骤如下:

(1)长大纵坡事故易发路段界定。

(2)绘制事故发生地点分布图,调查事故原因,按累积频率提取事故多发段,确定事故发生的主要原因是货车制动失效。设事故多发段起点为B,终点为C,历史事故点为A,则设置避险车道的区间应在A-B之间。

(3)给出纵断面图,选择典型车型,绘制制动器温度分布图,以温升模型为基础,模拟长大纵坡事故易发路段汽车制动热衰退过程,绘制制动片温度随坡度里程变化的分布图,按照290℃的临界值,将超过临界值的路段标出,作为设置避险车道的参考位置,设为D,则避险车道参考区间为D-B。

(4)绘制长大纵坡事故易发路段行驶速度分布图及平曲线处最大安全速度分布图。将两种速度分布图进行比较,选出预测行驶速度大于相应平曲线最高安全速度的路段,作为设置避险车道的参考点,设曲线处为E。其中制动失效车辆在下坡路段任意位置行驶速度按式(7-27)进行计算,平曲线处最大安全速度按式(7-28)进行计算。

$$v_x = \sqrt{v_i^2 - 2gh_x} \tag{7-27}$$

式中:v_x——距离失控点x处的车辆速度,m/s;

v_i——失控点处的车辆速度,m/s;

g——重力加速度,取9.81m/s^2;

h_x——失控点与距失控点x处的高差,m。

$$v_c = 3.6\sqrt{\alpha g R} \tag{7-28}$$

式中:v_c——平曲线处对应的最大安全速度,km/h;

α——车辆保持横向稳定的附着系数,货车取0.3~0.4;

R——平曲线半径,m;

g——重力加速度,取 9.81m/s^2。

根据 A、B、C、D、E 点的分布,建立设置避险车道位置区间的确定标准,见表 7-3。

避险车道设置区间确定　　　　　　　　表 7-3

从坡顶至坡底各点分布位置	避险车道设置位置
DABC	AB,距离 B 点较近
ADBC	DB,距离 B 点较近
DEABC	AB,距离 B 点较近
DAEBC	AE
DABEC	AB,距离 B 点较近
DABCE	AB,距离 B 点较近

对于新建道路,可从制动器温度、制动失效车辆的下坡行驶速度和平曲线处的最大安全速度三个方面,参考上述方法确定避险车道的设置区间。

通过上述步骤确定设置区间后,即可在该区间合适地点,综合考虑实际地形条件等其他因素,确定避险车道的设置位置。

基于上述介绍,了解了制动器温升预测模型、车辆制动失控概率和事故预测模型及多因素组合确定方法,为避险车道设置位置的选择提供了理论基础和实际应用参考。

7.5　避险车道结构设计

一般来说,完整的避险车道应由引道、制动坡床、服务道路(亦称救援车道)和附属设施共同组成,如图 7-14 所示。

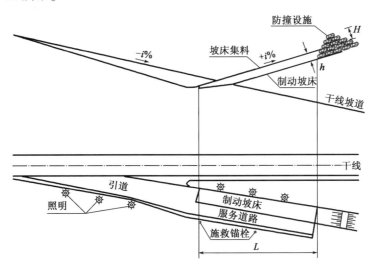

图 7-14　避险车道平、纵断面设计

合理的结构设计可以对失控车辆实现更好的避险功能,降低长大纵坡事故易发路段的事故严重程度。本节避险车道结构设计主要涉及引道与主线夹角、引道尺寸、制动坡床尺寸、制动坡床集料、救援车道尺寸等。

7.5.1 失控车辆驶入速度分析

避险车道结构设计与失控车辆驶入速度密切相关。车辆在长大纵坡事故易发路段制动失效后,行驶速度不受驾驶员控制,主要与坡度、行驶距离、车重、路面阻力等因素有关。根据车辆制动失效后的受力状态,可通过能量守恒的方法对不同路段车辆速度进行计算。

美国通过观测数据认为失控车辆速度超过130km/h的情况极为少见,但仍可能达到,故美国《公路与城市道路几何设计》(*A POLICY ON GEOMETRIC DESIGN OF HIGHWAYS AND STREETS*)中规定失控车辆最小驶入速度采用130km/h,但最好采用140km/h。英国标准《道路与桥梁设计手册》(*DESIGN MANUAL FOR ROADS AND BRIDGES*)认为驶入速度要根据实际情况在设计阶段由设计人员分析确定,但驶入速度不要小于96.5km/h。美国爱达荷州运输部根据能量积累的过程进行了迭代计算,得到不同位置的车辆速度,可通过式(7-29)计算出设置避险车道位置处的车辆速度,并将其作为避险车道的车辆驶入速度,但实际车辆制动失效位置很难精确判断,理论计算结果只能作为参考。

$$v = 17.943 \left[0.284 v_0^2 - H - KL - 2.576 v_m L - \left(6.365 \times 10^{-4} \frac{FL v_n^2}{W}\right) \right]^{1/2} \quad (7-29)$$

式中:v——距离 L 处的速度,km/h;

v_0——初始速度,km/h;

H——对应于距离 L 的竖向距离,m;

K——路面摩擦系数;

L——依据里程计算的坡度长度,m;

v_m——v 和 v_0 的平均值,km/h;

F——车辆的前部面积,m²;

v_n^2——v^2 和 v_0^2 的平均值,km²/h²;

W——车重,kg。

我国针对避险车道失控车辆驶入速度也进行了相关研究与规定。《公路安全保障工程实施技术指南》中指出,制动失效车辆驶入避险车道的最小驶入速度应取130km/h,取140km/h的驶入速度最好。鉴于我国长久以来缺少避险车道失控车辆驶入速度的实测数据资料,为此在某高速公路避险车道入口处安装光电测速设备记录相关数据,经分析,制动失效车辆驶入避险车道的最高速度为140km/h($V_{85}=111$km/h),建议实际工程中可根据公路等级参考该调研数据,即高速公路失控车辆驶入速度可在100~120km/h 范围内选择,若避险车道设置位置的地形条件较好,则可适当提高驶入速度设计值,其他等级公路可根据公路交通条件适当降低驶入速度设计值。

同时,《公路交通安全设施设计细则》(JTG/T D81—2017)的编写组根据调研掌握的失控车辆驶入速度数值范围(80~100km/h),结合经济性因素,给出了不同等级公路避险车道制动坡床设计入口速度建议值,见表7-4。

不同等级公路避险车道制动坡床设计入口速度建议值　　　表7-4

公 路 等 级	入口速度(km/h)
高速公路、一级公路	100~120
二级公路	80~100
三级公路、四级公路	60~80

7.5.2　引道设计

引道是避险车道与公路主线衔接最为紧密的一部分,起点位于主线最外侧行车道向避险车道分流加宽处,终点位于避险车道的制动坡床和救援车道入口处,如图7-15所示。

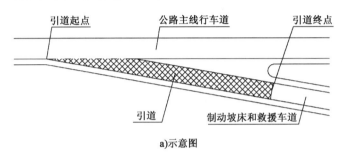

a)示意图　　　　　　　　　　　　　　b)实例

图7-15　避险车道引道

引道的作用是将公路主线行车道与制动坡床和救援车道平顺连接,为制动失效车辆驾驶员提供充分的反应时间和足够的操作空间,使失控车辆从主线分离出来,并沿着引道安全驶入制动坡床,减少因车辆制动失效给驾驶员带来极度恐慌,而失去正常判断能力的情况发生。

根据国内外相关规范规定及工程应用经验,对引道设置提出了几点要求:①保证驾驶员在引道起点位置就能够清晰地看到避险车道的全部线形,增加驾驶员使用避险车道的安全感,使失控车辆直接顺利驶入制动坡床;②引道终点应平行于制动坡床入口,且相距一定距离,保证制动失效车辆驶入制动坡床后集料不会飞溅回公路主线,避免影响公路主线正常行驶车辆的运行安全;③引道终点应设置成方形,保证车辆的前后轮同时驶入制动坡床,避免因左右车轮受力不均匀而导致车辆侧翻事故。

7.5.2.1　引道长度

通过前面论述,引道长度越长越有利于驾驶员看清避险车道全貌,便于制动失效车辆顺利驶入避险车道,但势必增加工程造价且对地形条件要求较高。据了解,美国亚利桑那州部分避险车道引道长度均大于200m;我国则受国情及地形条件限制,避险车道引道长度差异较大,在对国内26条典型避险车道调研过程中发现,引道最小长度为31m、最大长度为279.4m,其中引道长度大于100m的仅占27%,如图7-16所示。为了更好地满足我国避险车道工程设计需要,下面对引道最小设置长度进行分析。

根据驾驶员驾驶车辆的反应特性,正常情况下驾驶员的反应时间为2.5s,而在车辆制动失效时,驾驶员一般处于惊慌状态,在这种状态下其反应时间比平时延长,安全考虑取3s,则引道最小设置长度可根据式(7-30)计算得出。表7-5为失控车辆不同驶入速度条件下的引道最小设置长度建议取值。

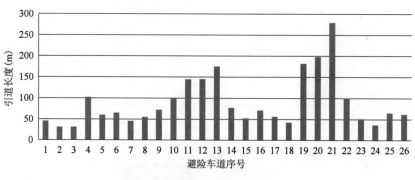

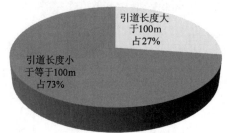

图 7-16 国内 26 条典型避险车道引道长度调研结果

$$L_{\min} = \frac{v}{3.6} \times t = \frac{v}{1.2} \tag{7-30}$$

式中：v——失控车辆驶入设计速度，km/h。

失控车辆不同驶入速度条件下的引道最小设置长度建议取值　　表 7-5

设计驶入速度（km/h）	140	130	120	100	80	60
$L_{\min}$（m）	117	108	100	83	67	50

同时，《公路交通安全设施设计细则》（JTG/T D81—2017）规定，避险车道引道长度不宜小于 70m。

因此，实际工程设计时，在地形条件和建设成本允许的情况下，可将引道设置长些，而若相关条件受限，则应综合表 7-5 和规范规定的取值，从较不利角度出发确定引道长度。此外，如果现场条件无法满足上述研究与规范要求，应在避险车道前采取其他强制减速设施降低车辆速度（如引道内增设橡胶减速垄），或采取提前加密设置避险车道预告标志等引导制动失效车辆顺利进入避险车道。

7.5.2.2　引道宽度

引道宽度类型一般包括单一宽度和渐变宽度两种类型，顾名思义，单一宽度就是引道起、终端宽度相同，渐变宽度就是引道起始端宽度较窄、终止端宽度较宽，如图 7-17 所示。

引道单一宽度设计形式在国外高速公路上较为常见，宽度设计范围多在 3.7～5.5m；引道渐变宽度设计形式则在国内应用较多，且《公路交通安全设施设计细则》（JTG/T D81—2017）规定，引道入口宽度宜为 3.8～5.5m，末端宽度与制动坡床宽度相同，并应平顺连接，以及引道应终止在三角端后方。同时，引道终点路面边缘应设计为方形，与制动坡床平面边线垂直，而不应设计为斜形，以保证车辆前轴两侧车轮同时驶入制动车道，使高速行驶的车辆保持相同的减速度,否则将造成车辆前轴两轮左右受力不均匀而导致车辆行驶轨迹不确定,可能引发翻车事故。避险车道引道与制动坡床平顺相接如图7-18所示。

a) 单一宽度

b) 渐变宽度

图 7-17　引道宽度类型

图 7-18　避险车道引道与制动坡床平顺相接

除上述规定之外,引道宜采用与主线相同的路面结构,且为了便于排水,应在引道处设置一定的道路横坡,建议采用不超过2%的单向或者双向横坡。

7.5.3　制动坡床设计

制动坡床是避险车道的核心组成部分,是专供制动失效车辆使用的消能减速场所。制动坡床设计主要涉及的参数包括长度、宽度、纵坡和平面线形,并以制动失效车辆能够在制动坡床内安全停车为最终设计目标。

7.5.3.1　制动坡床长度

制动坡床长度的合理设计是避险车道安全应用的关键指标。制动坡床长度过长,势必会提高工程建设成本,不符合节约型社会理念;但若制动坡床长度不足,将可能导致失控车辆猛烈撞击末端障碍物,甚至直接冲出制动坡床,造成严重的事故后果(见下文事故案例和相关事故照片)。

事故案例:某高速公路长下坡路段,一辆装载液化气的罐车行驶过程中发生制动失效情况,紧急驶向路侧避险车道,但因车速太快,制动坡床长度不足,车辆冲出末端挡墙坠落山坡,事故造成 3 人死亡，车辆解体且车头严重变形，液化气泄漏，后果十分惨重，社会影响恶劣，如图 7-19 所示。

图 7-19　事故案例现场照片

图 7-20 为制动坡床长度不足，车辆冲出制动坡床的相关事故照片。

图 7-20　制动坡床长度不足，车辆冲出制动坡床的相关事故照片

因此,需要对制动坡床的长度进行合理设计,以保证制动失效车辆在驶入制动坡床后能够安全停车。目前,针对制动坡床长度设计,已有较为成熟的计算方法,在《公路交通安全设施设计细则》(JTG/T D81—2017)中亦进行了明确规定,即避险车道制动坡床的长度应根据失控车辆的驶入速度、纵坡及坡床材料综合确定,计算公式如下:

$$L = \frac{v^2}{254 \times (R + i)} \qquad (7\text{-}31)$$

式中:L——避险车道制动坡床长度,m;

v——车辆驶入避险车道制动坡床时的速度,km/h;

R——滚动阻力系数;

i——坡度(百分数)除以100。

实际工程中,应在条件允许的情况下,尽量满足避险车道制动坡床的长度设计要求,确因地形所限无法提供足够长度时,可在制动坡床末端设置减速消能设施,或在中后段设置阻拦索、网等弥补其长度的不足,但所采用的上述措施要通过论证后方可应用,且这些设施宜进行防盗处理。需要强调的是,在满足长度要求的制动坡床末端设置消能设施是为失控车辆提供更高的安全保障,不应将制动消能设施和阻拦索作为缩短避险车道长度的手段。

7.5.3.2 制动坡床宽度

制动坡床宽度的设计目标是可以满足制动失效的大型车辆安全顺利驶入。根据相关研究与应用经验,失控车辆在运行速度较高的情况下,制动坡床宽度越小越容易增加驾驶员的心理恐慌感,失控车辆驾驶员就越容易出现不敢驶入制动坡床的情况,或者驶入后因操作不当与制动坡床内附属设施发生碰撞、甚至翻出制动坡床以外的情况;制动坡床宽度越大越有利于失控车辆顺利驶入,但势必会增加工程造价,且对地理条件要求较高。因此,需要综合考虑多方面因素,对避险车道制动坡床宽度进行合理设计。图7-21所示为制动坡床宽度。

a)较小宽度

b)较大宽度

图7-21 制动坡床宽度

一般来说，影响制动坡床宽度设计的主要因素包括失控车辆宽度、失控车辆与制动坡床护栏间的横向余量、可容纳失控车辆数量、实际地形条件与工程造价预算等。目前，针对我国实际情况，在制动坡床宽度设计方面取得了一些已经成果，且相关规范中亦有所规定，具体如下：

(1) 相关科研成果。

早期，普遍基于经验分析方法进行设计，某研究成果根据《道路车辆外廓尺寸、轴荷及质量限值》(GB 1589—2004)规定的汽车、挂车及汽车列车的车宽最大值为2.5m，并考虑到车辆制动失效后驾驶员比较慌张，制动坡床两侧应留有足够的横向空间来让驾驶员进行操作车辆，其中如果仅考虑容纳一辆制动失效车辆，建议制动坡床宽度至少为4m，若考虑容纳两辆制动失效车辆，则建议制动坡床宽度至少为8m，但在地形条件不允许的情况下可适当减小。

近年来，随着我国对避险车道设计安全的不断重视，从合理细化研究角度，开展了大量调查与研究工作。某研究成果提出，制动坡床宽度范围为6~10.5m。其中：①关于车宽取值，通过对制动失效车辆的车型进行调研与统计，发现高速公路中车宽大于2.5m的超宽车辆(如运送不可拆解物体的低平板专用半挂车等)发生制动失效的现象亦较为普遍，冲入避险车道的事故时有发生(图7-22)，结合《汽车、挂车及汽车列车外廓尺寸、轴荷及质量限值》(GB 1589—2016)规定的运送不可拆解物体的车辆宽度最大值为3m，从安全角度出发，考虑满足全部运营车辆的宽度使用需求，确定制动失效车辆宽度取值为3m；②关于两侧横向空间取值，通过对制动失效车辆驶入制动坡床的横向位置进行调研与统计，发现制动失效车辆与制动坡床左侧护栏的横向净距范围在1.5~6m之间。因此，研究提出制动坡床宽度最小值为6m(车宽3m+横向净距1.5m+横向净距1.5m)，最大值为10.5m(车宽3m+横向净距6m+横向净距1.5m)。需要强调的是，两侧横向净距取值与调研对象的坡床宽度关系较大，该研究成果给出的横向净距取值范围仅供参考。

图7-22 低平板专用半挂车发生制动失效事故

(2) 相关规范规定。

关于制动坡床宽度，为便于失控车辆顺利驶入，并考虑到经济性因素，《公路交通安全设施设计规范》(JTG D81—2017)中第11.2.5条提出，避险车道制动坡床的宽度宜为4~6m (图7-23)。

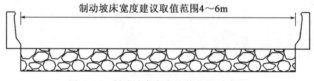

图7-23 制动坡床宽度取值范围示意图

同时，关于是否允许多车驶入的问题，通过事故调研，发现驾驶员驾驶制动失效车辆从制动坡床中间驶入的意愿更强，如果此时出现第二辆车进入制动坡床的情况，驾驶员将尽可能地操作车辆转向进入制动坡床，车辆在失控状态下造成二次事故的概率会加大（图7-24），且对正在避险的第一辆车驾乘人员和救援人员也存在较大的安全隐患。因此，制动坡床宽度设计时，不推荐考虑多辆车同时使用的情况，在发生车辆驶入避险车道时，应及时封闭避险车道，并通过标志信息提醒上游运行车辆，避免多辆车同时驶入制动坡床的情况发生。

图7-24　避险车道多车驶入发生二次事故

此外，制动坡床宽度一般采用等宽设计，实际工程中也存在一些不等宽的情况，例如制动坡床宽度从入口至末端逐渐增宽，但宽度须满足均匀过渡的要求，不可出现突变造成行车障碍。然而，不应将制动坡床设计成入口宽而末端窄的锥形，原因是制动失效车辆在驶入制动坡床时如果距一侧护栏较近，随着驶入距离的增加，而制动坡床宽度变窄，车辆在减速停车时极易与护栏发生碰撞，引发二次事故。对此，《公路交通安全设施设计细则》（JTG/T D81—2017）中第11.3.5条明确提出，避险车道制动床的宽度宜为4~6m，且应等宽或逐渐加宽，应避免逐渐变窄设计。

7.5.3.3　制动坡床坡度

制动坡床坡度是避险车道设计的另一关键性指标。从广义上来看，制动坡床坡度分为上坡正坡度、平坡零坡度、下坡负坡度三种类型，受我国地形条件及驾驶员接受程度的影响，目前避险车道制动坡床普遍多采用上坡正坡度（图7-25），平坡零坡度和下坡负坡度的应用相对较少。本节则主要研究分析制动坡床上坡正坡度的合理设计。

图7-25　我国普遍采用的上坡正坡度避险车道

关于上坡正坡度制动坡床的坡度设计,需要重点考虑三个方面的因素,包括车辆纵向稳定性、驾驶员心理及工程造价。

(1)车辆纵向稳定性。

上坡型制动坡床的坡度设计会影响车辆的纵向稳定性,应保证车辆驶入制动坡床后,不发生纵向倾覆或溜车的情况。图 7-26 为车辆在制动坡床上行驶的受力图(忽略空气阻力)。图中 G 为车辆总重力,α 为坡床倾角,h 为重心高度,Z_1 和 Z_2 为作用在前、后轮上的法向反作用力,X_1 和 X_2 为作用在前、后轮上的切向反作用力,L 为车辆轴距,l_1 和 l_2 为车辆重心至前、后轴的距离,O 点为车辆重心,O_1 和 O_2 为前、后轮与路面接触点。

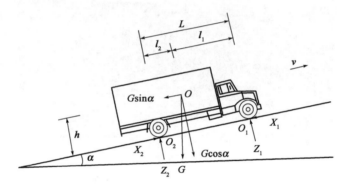

图 7-26　制动坡床行驶车辆受力示意图

①纵向倾覆条件分析。

车辆产生倾覆的临界状态是车辆前轮法向反作用 Z_1 为零,此时车辆可能绕 O_2 点发生倾覆现象。对 O_2 点取矩,并让 $Z_1=0$,得:

$$Gl_2\cos\alpha_0 - Gh\sin\alpha_0 = 0 \tag{7-32}$$

$$i_0 = \tan\alpha_0 = \frac{l_2}{h} \tag{7-33}$$

式中:α_0——Z_1 为零时极限坡道倾角;

　　　i_0——Z_1 为零时制动坡床的纵坡度。

当坡道倾角 $\alpha \geq \alpha_0$(即制动坡床纵坡 $i \geq i_0$)时,车辆可能产生纵向倾覆。

②纵向溜车条件分析。

车辆产生纵向溜车的临界状态是车轮的切向反作用力方向与下滑力方向相反,根据平衡条件,驱动轮不产生纵向溜车的状态是下滑力与摩擦力平衡,即:

$$G\sin\alpha_\varphi = (Z_1 + Z_2)R \tag{7-34}$$

$$Z_1 + Z_2 = G\cos\alpha_\varphi \tag{7-35}$$

联合式(7-32)、式(7-33)两式求得:

$$\tan\alpha_\varphi = R \tag{7-36}$$

则

$$i_\varphi = \tan\alpha_\varphi = R \tag{7-37}$$

式中:R——摩擦系数;

　　　α_φ——产生纵向溜车临界状态时坡道倾角;

i_φ——产生纵向溜车临界状态时避险车道纵坡度。

当坡道倾角 $\alpha \geqslant \alpha_\varphi$（即制动坡床纵坡 $i \geqslant i_\varphi$）时，车辆可能产生纵向溜车。

③纵向稳定性的保证。

分析上述两式，一般 l_2/l 接近1，而 R 远小于1，所以有：

$$R < \frac{l_2}{h}, 即\ i_\varphi < i_0 \tag{7-38}$$

说明车辆在制动坡床上行驶时，纵向溜车现象发生在纵向倾覆之前，为保证车辆行驶的纵向稳定性，纵坡设计应以满足不产生纵向溜车为条件，则车辆行驶时纵向稳定性的条件为：

$$i < i_\varphi = R \tag{7-39}$$

当制动坡床纵坡度 i 满足上式条件时，一般车辆满载都能保证纵向行驶的稳定性。

对此，《公路交通安全设施设计细则》（JTG/T D81—2017）中第11.3.4条进行了规定，即避险车道的纵坡坡度应确保车辆不发生纵向倾覆和纵向滑动，其值宜控制在15%以下。

（2）驾驶员心理。

制动坡床坡度不能过大，否则易引起驾驶员心理恐慌，不敢操纵车辆贸然驶入，从而错过自救机会。对此，通过开展相关问卷调研，发现制动失效车辆驾驶员普遍对15%以下的制动坡床坡度容易接受，一旦坡度过陡（图7-27），会担心车辆高速驶入制动坡床后发生翻车或货厢前移事故，且制动坡床末端过高，也会有担心车辆冲出末端后从高处坠落的不安心理。因此，从减轻驾驶员恐惧心理角度，制动坡床坡度不宜过大（过陡）。

图7-27　制动坡床坡度过大（过陡）

（3）工程造价。

制动坡床坡度变化会对制动坡床长度产生影响，如坡度增加，可以减小制动坡床设置长度。考虑到避险车道建设所需费用少则几十万元，多则上百万元，为了更好地节省工程费用，可使制动坡床坡度适应预估设置位置的地形条件，根据地形提供的纵坡计算制动坡床长度是否满足要求。若地形条件无法设置足够长的制动坡床，则可适当增加制动坡床坡度，但坡度不应过大，一般以不超过15%为宜，从而在保证安全的前提下来节省工程造价。尤其对于路侧填方路段，制动坡床坡度越大，填方工程量越多（图7-28），工程费用越高，还会增加救援难度，提高后期维护成本。实际应用中应根据制动坡床长度、地形条件及工程造价合理选择制动坡床坡度。

关于制动坡床的坡度类型，主要包括单一坡度和组合坡度两种。顾名思义，单一坡度是指制动坡床由一种坡度组成,组合坡度是指制动坡床由多种坡度组成。单一坡度的制动坡床在车辆制动时仅承受沿坡面方向的阻力,对车辆和驾乘人员损伤较小,但单一坡度不宜设置过大,否则车辆会突然进入高阻力状态,不利于车辆安全避险,所以一般需要设置较长的制动坡床,对设置条件提出更高要求。当地形条件受限,制动坡床不能设置较长,需加大纵坡坡度时,制动坡床可采用从小到大逐渐增大的组合坡度(图7-29),即制动坡床入口坡度小,阻力也较小,利于车辆顺利驶入,随后制动坡床坡度逐渐增大,阻力也更大,但此时车速已有所消减,可降低对车辆和驾乘人员损伤程度。需要强调的是,制动坡床的坡度变化应在驾驶员的视线范围之内,部分路段受遮挡的情况将给驾驶员造成心理障碍。

图7-28　高填方避险车道

图7-29　变坡式避险车道

7.5.3.4　制动坡床线形

由于制动坡床内铺设有一定深度的松散集料,失控车辆高速驶入后,车轮陷入较深,驾驶员转向控制难度很大,如果制动坡床平面采用曲线线形[图7-30a)],会导致三个方面问题:一是,车辆操控系统会受到集料阻挡丧失转向能力,可能使失控车辆沿着曲线的切线方向冲出制动坡床;二是,驾驶员驾驶失控车辆在制动坡床集料堆中强行转向,可能会发生车辆侧翻事故,不利于车辆的稳定性和减速效果;三是,不利于驾驶员看清避险车道全貌,加重失控车辆驾驶员的心理恐慌程度,影响失控车辆顺利驶入。因此,制动坡床平面线形应采用直线形式[图7-30b)],避免曲线设计方式。

纵断面线形为竖曲线的制动坡床从受力的角度来说是一种不合理的线形。失控车辆在竖曲线上高速行驶时,会产生时刻变化的向心力,它和其他力合成可能产生较大变化的加速度,有可能超过驾驶员或车辆所能承受的范围,对驾驶员和车辆来说存在安全隐患。当然,对于组合坡度的制动坡床而言,变坡点处有必要设置竖曲线,这时竖曲线半径的选择需要充分考虑驾驶员和车辆的承受范围,以确保行驶安全。

a)曲线线形

b)直线线形

图 7-30　制动坡床平面线形

对此,《公路交通安全设施设计细则》(JTG/T D81—2017)中也进行了明确规定,要求避险车道平、纵线形应为直线。

7.5.4　救援车道设计

制动坡床内填充的松散集料有利于制动失效车辆安全减速停车,但同时也增加了事故救援与日常维护的难度,为此需要在制动坡床一侧修建一条常规路面的救援车道,以供救援车辆(拖车)和维护车辆使用,便于将制动失效车辆从制动坡床上快速移除,并恢复制动坡床功能,如图 7-31 所示。通过调研发现,我国一些早期修建的避险车道并未设置救援车道,这给事故救援带来较大困难,增加了事故救援时间,以某两条避险车道为例,一条避险车道设置了救援车道,救援时间需要大约 45min,另一条避险车道未设置救援车道,救援时间则需要 2~4h,救援效率相差较大。因此,从避险车道高效使用及降低事故隐患的角度,应将救援车道作为避险车道的重要组成部分。

图 7-31　利用救援车道进行拖车与维护

7.5.4.1　救援车道设置位置分析

关于救援车道的设置位置,《公路交通安全设施设计细则》(JTG/T D81—2017)中进行了规定,即救援车道与制动坡床宜设置在同一平面,且应紧邻制动坡床。其中,救援车道紧邻制动坡床的方式包括左侧和右侧两种,如图7-32所示。在我国避险车道设计与应用项目中,救援车道多设置于制动坡床的右侧,使制动坡床更靠近公路主线,比较有利于制动失效车辆顺利驶入制动坡床,且救援车道远离主线,还可减少制动失效车辆误入的情况发生。对于少数救援车道设置于制动坡床左侧的情况,也有其优势之处,即制动坡床更加远离公路主线,制动失效车辆驶入制动坡床时,集料飞溅、货物散落及车辆翻越护栏等情况的发生对公路主线正常行驶车辆的干扰相对较小,但需将制动坡床入口提前设置于救援车道入口,并采用标志、标线等进行配合引导,必要时采取可开启移动的设施将救援车道进行封闭,以避免制动失效车辆误入救援车道的事故发生,如图7-33所示。

a) 救援车道设于制动坡床右侧

b) 救援车道设于制动坡床左侧

图7-32 救援车道设置位置

图7-33 救援车道设于制动坡床左侧采取的措施

7.5.4.2 救援车道宽度及路面

救援车道主要供施救人员、救助人员及车辆安全停靠所用,救援车道的宽度要求允许一辆救援车辆的正常作业,各吨位救援车辆的宽度不一,一般在 2.5~3m。救援车辆驶入后,救援车道两侧还应留出各 1~1.5m 的宽度,以保证救援人员指挥施救、车辆吊臂旋转等工作的开展。因此,建议救援车道的宽度设置为 5~6m,实际工程应根据具体施救方法确定救援车道的适宜宽度,如图 7-34 所示。

图 7-34 救援车道宽度取值范围

对此,《公路交通安全设施设计细则》(JTG/T D81—2017)中也进行了规定,即救援车道宽度宜为 5.5m,以便供拖车和维护车辆使用。

关于救援车道路面,《公路交通安全设施设计细则》(JTG/T D81—2017)中第 11.4.5 条进行了规定,救援车道宜采用水泥混凝土路面,路基和路面设计应满足《公路路基设计规范》(JTG D30—2015)和《公路水泥混凝土路面设计规范》(JTG D40—2011)对三、四级公路的相应规定。

7.5.5 制动坡床与主线夹角

由于地形条件限制,我国制动坡床一般与主线存在一定夹角(当避险车道设置位置主线线形为直线时,夹角是指制动坡道的轴线与主线道路外车道中心线的夹角;当避险车道设置位置主线线形为曲线时,夹角是指制动坡道的轴线与主线道路外车道中心线切线方向的夹角),制动失效车辆进入避险车道须进行一定角度的转向才能驶入避险车道。当夹角较大时(图 7-35),尤其是位于小半径曲线处的避险车道,车辆需要偏离较大的角度,内转或反向转向才能进入紧急避险车道,这就增加了驾驶员在方向操纵上的难度,特别是在车辆已经制动失效并且车速较高、驾驶员心理紧张的情况下,非常容易发生危险,易碰撞或剐蹭到避险车道两侧护栏,尤其是靠近主线一侧的护栏,图 7-36 所示。

图 7-35 夹角较大的避险车道

图 7-36 制动失效车辆碰撞避险车道入口护栏事故

目前国内针对避险车道与主线夹角进行过相关数据调研与研究分析,发现国外小于5°的占66%、小于10°的占83%,我国小于5°的占21%、小于10°的占63%,我国大部分避险车道与主线夹角均偏大,给制动失效车辆进入避险车道带来了一定难度。通过事故统计,驶入避险车道的车辆大部分均能主动控制方向,以尽可能小的驶入角度进入避险车道,具体体现在制动失效车辆驶入避险车道后与制动坡道的空间位置上,如72%的制动失效车辆以偏左或中间的位置驶入避险车道,说明制动失效车辆驾驶员习惯以较小的驶入角度进入避险车道。同时,在发生侧翻的事故中,偏右驶入的制动失效车辆数量占总翻车数量的57%,与偏左或中间驶入的事故比较,偏右驶入车辆的转向角度相对较大。因此,可以定性说明避险车道与主线夹角越大,越容易引起制动失效车辆驶入避险车道后侧翻事故的发生。最终建议,制动坡床与主线之间的夹角为3°~5°,最大夹角不宜超过10°,在地理条件和工程费用允许的情况下,避险车道制动坡道与主线之间的夹角越小越好。

《公路交通安全设施设计细则》(JTG/T D81—2017)中第11.2.2条也进行了规定,即避险车道宜沿较小半径的平曲线路段的切线方向,如设置在直线或大半径曲线路段时,避险车道与主线的夹角宜小于5°。

7.6 避险车道制动坡床集料

目前,避险车道制动坡床内普遍会填充松散集料,通过车轮陷入为制动失效车辆提供阻力,在满足避险车道安全性的前提下,车轮陷入深度越深,则制动失效车辆获得的阻力越大,制动坡床的长度越短。实际工程中,避险车道制动坡床集料的类型、粒径、级配及铺设情况等均较为多样,需要了解何种应用方式,更有利于保障制动失效车辆及驾驶员的安全。

7.6.1 集料作用机理

集料为松散结构,可以理解为其是由不连续面所围成的块体集合,每一块体所产生的位移和应变量为未知数。车轮通过集料层时,车轮除受到前后方向的阻尼力外,还受到侧面的挤压力,在空间上是三维受力,集料受到冲击后,向四周散开,在空间上同样是三维的,如图7-37和图7-38所示。

图 7-37 车轮通过时集料状态

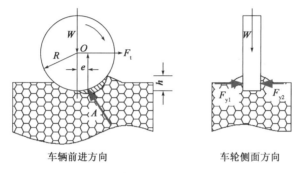

图 7-38 集料与车轮间受力分析

7.6.2 集料类型

目前,制动坡床内填充的集料类型主要有砂、碎石和砾石三种类型,如图 7-39 所示。其中,砂是粒径小于 2mm 的粒料;碎石是由天然岩石经破碎、筛分而得的粒料,多棱角、表面粗糙;砾石是风化岩石经水流长期搬运而成的无尖锐棱角的天然粒料。

a) 砂　　　　　　　　　b) 碎石　　　　　　　　　c) 砾石

图 7-39 常用制动坡床填充集料类型

早期修建的避险车道制动坡床内填充砂和碎石的情况较为普遍,但使用效果并不理想。对于砂材料,其粒径很小,容易被车辆压实,易受潮发生板结,需要经常性翻松维护,否则集料一旦密实,会减小车轮在集料中的陷入深度,影响对制动失效车辆的减速效果;对于碎石材料,滚动阻力较小,与其他集料相比,碎石材料的制动坡床所需长度最长,且碎石棱角较多,容易出现互锁现象,影响对制动失效车辆的减速效果,同样需要经常性翻松维护。

随着对避险车道研究的不断深入,从为制动失效车辆减速消能、对车辆轮胎损伤较小及集料长期使用便于维护角度考虑,需要制动坡床内填充集料具有松散性好、不易互锁与板结、空隙率大、排水性好、外观滚圆少棱角的特性。通过实际工程应用,发现干净的(清洗过的)、滚圆的、未压碎的天然砾石(图 7-40)作为制动坡床的填充材料最为理想,可以提供较好的阻力性能,使用过程中能够长期维持较为松散的状态。同时,需要关注砾石的压碎及磨损情况,根据相关研究,建议集料压碎值不宜大于 30%,磨耗值不宜大于 50%,否则将会影响制动坡床的使用效果。

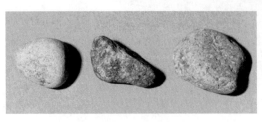

图 7-40 制动坡床可填充的砾石形状

对此,《公路交通安全设施设计细则》(JTG/T D81—2017)中第 11.4.2 条也进行了规定,即避险车道制动坡床材料宜采用具有较高滚动阻力系数、陷落度较好、不易板结和被雨水冲刷的卵(砾)石材料。

7.6.3 集料粒径与级配

制动坡床集料的阻力大小与集料的粒径和级配有直接关系,选取合理的集料粒径与级配可以使制动失效车辆的车轮更容易陷入,从而提供更高的滚动阻力,使车辆减速停驶。

美国宾夕法尼亚交通研究所和宾夕法尼亚大学开展了相关研究,推荐制动坡床填充的集料粒径范围在 6.35~38mm,平均粒径在 12.7~19.1mm,这样粒径的砾石具有较高的滚动阻力系数,使用效果更好。表 7-6 是美国对砾石集料级配的规定。

美国对砾石集料级配的规定　　　　　　　　　　　　　　表 7-6

筛孔尺寸(mm)	37.5	25	12.5	4.75	2.36
通过率(%)	100	95~100	25~60	0~10	0~5

我国关于制动坡床集料粒径与级配也进行了相关研究,采用重锤贯入试验(图 7-41)对集料阻力性能进行了探索性研究,发现粒径范围在 20~40mm 的砾石阻力性能较好。同时,通过对集料排水性能分析,发现小粒径集料在使用过程中容易发生自密和板结,尤其冬季气温较低的地区,小颗粒集料比例过多,增加了潮气滞留,导致出现集料被冻结的问题(图 7-42),应严格控制集料中细料的比例。结合相关试验资料可知,当集料粒径范围大于 19mm 时,集料具有良好的排水性能。最终,提出制动坡床填充集料的推荐粒径范围为 20~40mm,推荐集料级配见表 7-7。

我国相关研究提出的制动坡床集料级配　　　　　　　　　表 7-7

筛孔尺寸(mm)	40	35	30	25	20
通过率(%)	100	40~60	20~35	0~6	0~2

对此,《公路交通安全设施设计细则》(JTG/T D81—2017)中第 11.4.2 条也进行了规定,即避险车道制动坡床集料粒径以 2~4cm 为宜。

图 7-41 重锤贯入探索试验

a) 集料板结　　　　　　　　　　　　b) 集料冻结

图 7-42 板结与冻结的集料

同时,给出了不同集料的滚动阻力系数,见表7-8,为制动坡床长度设计提供了参数代入依据。

不同材料的滚动阻力系数 R 值　　　　　　　表 7-8

表面材料	R 值
硅酸盐水泥混凝土	0.01
沥青混凝土	0.012
密实的砂砾	0.015
松散的砂质泥土	0.037
松散的碎料	0.05
松散的砂砾	0.1
砂	0.15
豆砾石	0.25

7.6.4　集料铺设

7.6.4.1　铺设深度

(1)一定深度的集料是保证制动坡床发挥阻力性能的必要条件。

当制动失效车辆驶入制动坡床时,车轮陷入滚动阻力较大的集料中,增大了车辆前进的阻力,降低了车辆速度,消解了车辆动能。制动坡床内铺设集料的最小深度要使车轮能够完全陷入制动坡床材料为标准。若制动坡床使用频繁,集料被压碎导致细料增加,制动坡床可能会产生集料板结,削弱制动坡床的减速效果。通过对大型车辆车轮直径的调查,坡床材料的最大铺设深度为1m,且不应低于0.5m。

为了使制动失效车辆安全、平稳地减速停车,制动坡床内填筑集料的深度应由浅入深逐渐过渡。制动车道入口处的集料最小深度应为75~100mm,并沿着制动坡床车道前进方向在最初的30~60m范围内逐渐过渡,直至完全深度,如图7-43所示。

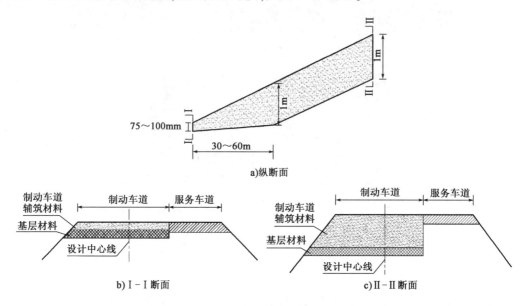

图7-43 避险车道制动坡床集料填筑示意图

(2)制动坡床集料的铺设深度变化应当平缓,在使用后需及时清理并定期翻松集料。

制动失效车辆在制动坡床内减速行驶时,若集料铺设不均匀,车轮将发生不均匀的沉陷,从而造成各个车轮受力不均、重心偏移、车身倾斜,最终导致车辆侧翻。若制动坡床因积水或冰冻致使集料结块或有固体污染物未被及时清除,就相当于为制动失效车辆设置了行车障碍,当车辆通过时,将产生较大的冲击荷载。车辆速度越快,冲击荷载越大,车辆轮胎受力的不均匀性越大;制动坡床表面起伏越大,轮胎受力的不均匀性也越大。因此,制动坡床的深度应尽量平缓,制动坡床使用后应及时做好清理工作并定期翻松集料,避免车辆在制动坡床内发生事故。

7.6.4.2 铺设方式

(1)平铺。

当避险车道的制动坡床设置长度不受限制时,可以采用集料平铺方式,铺筑方式如图7-44所示。由于制动失效车辆驶入避险车道速度较大,集料铺设表面的突起或铺设不均匀,会导致车轮不均匀沉陷,使各车轮受力不均、车身侧倾、重心偏移而导致车辆侧翻,易对车辆安全产生不利影响,因此,在常规情况下应对填充集料表面进行整平。

图 7-44　避险车道制动坡床集料平铺

（2）垄状铺筑。

不同集料的铺设方式对于集料的阻力性能有很大影响。实际应用中由于受地形限制，制动坡道长度不足而又需要较大的减速度的情况下，往往采取增大集料与车辆接触面的方式，即沿行车方向设置一定间距的"垄"状结构，如图 7-45 所示。集料垄状铺筑应注意以下几点：

①第一道垄的位置。

集料的垄状铺设可以为失控车辆提供额外的阻力，加速制动。但如果当汽车车轮还未陷入一定深度时，集料垄的正面冲撞可能会导致车头车尾受力不均而产生不稳定摆动，从而对车辆安全造成不利影响。因此，第一道垄的位置至少要在集料铺筑达到完全深度以后，且结合相关研究

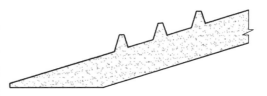

图 7-45　制动坡床集料垄状填筑示意图

成果，建议第一道垄设置在制动坡床上车速小于 50km/h 的位置。

②垄宽与垄高。

当车轮陷入集料中，考虑驾驶室的位置，集料垄应在驾驶室的中、下部进行阻拦，不应该高过驾驶员头部的位置。根据国内部分避险车道制动坡床集料垄的高度值，结合相关试验研究与分析，确定制动坡床集料垄高不宜超过 0.6m，垄下底宽度宜为 1~1.5m。

③垄间距。

垄间距可以根据拟提供的阻尼力进行调整，但考虑到连续的垄可能会对失控车辆产生持续冲击，造成不利影响，因此两条垄至少应保证 5m 的距离。

图 7-46 为国内部分避险车道制动坡床集料采用的多样化横垄铺设方式。虽然制动坡床集料垄铺设对制动失效车辆可以起到更好的减速效果，但同时对车辆行驶姿态及车辆与驾乘人员的安全带来一定影响，存在一定风险，因此对横垄的设置需谨慎对待。

图 7-46

图 7-46　制动坡床集料采用多样化横垄铺设方式

7.7　避险车道救援

制动失效车辆冲入避险车道的事故具有一定的偶然性,需要及时开展救援工作,这是一个事故检测、事故确认与及时反应(信息发布、现场管理、交通管制)、事故处理的有序过程。在避险车道采用合理的救援流程与方法,不仅可以防止其他制动失效车辆再次驶入被占用的避险车道引发二次事故,而且快速地将事故车辆移除危险区域,也为其他制动失效车辆再次使用避险车道提供了方便。

7.7.1　救援流程

通过总结相关经验,对避险车道事故救援工作流程做出如下总结:

(1)事故检测。一般来说,发现避险车道事故车辆的方式有多种,如事故车辆驾乘人员按照避险车道内救援标志所提供的电话信息进行自行报警、通过监控系统自动报警、路政人员巡查报警等,进而上报监控分中心。

(2)事故确认与及时反应。监控分中心接到报警信号后,通过避险车道附近的监控视频监视和确认避险车辆的现场情况;通知相关部门进行交通管制,封闭避险车道;通知救援队进入现场实施救援;通过可变信息标志、信号灯及交通广播等发布避险车道被占用的信息。

(3)事故处理:救援人员应在第一时间到达现场,将现场详细情况反馈回监控分中心,对于发现有受伤情况的,要及时通知医疗救护部门;在避险车道前方进行交通布控,封闭避险车道,对事故现场进行踏勘取证;根据现场情况决定采用何种救援方式,迅速进行施救,并负责恢复避险车道原状;解除对避险车道的封闭,撤销发布相关信息。

7.7.2　救援方法

通过总结相关经验,下面按照事故车辆的车型、载重、货物类型及散落情况、车辆姿态、陷入深度、车辆损坏等情况的不同,将避险车道事故救援方法分为以下 4 种:

(1)清障车施救。

当制动失效车辆驶入避险车道,未发生侧翻、碰撞、冲出等情况时,车体完整、车辆损坏程度较轻,车重小及进入制动坡床距离较短、陷入深度较小的车辆一般使用清障车对事故车辆进行拖拽即可。清障车施救的一般步骤为:①将清障车钢丝绳与事故车辆车架相连接;②启动清障车绞盘,将事故车拖出制动坡床,事故车辆车况允许的前提下,该过程中驾驶员可操控转向盘或倒车配合施救;③视事故车辆损坏情况,可自行驶离或利用清障车的托臂将事故车辆托起牵引行驶至修理厂进行维修。图7-47为避险车道事故清障车施救过程。

a)钢丝绳拖拽事故车辆

b)对事故车辆进行托移

图7-47 清障车施救过程

（2）清障车和挖掘机配合施救。

当制动失效车辆的质量较大、驶入距离较长及陷入深度较大时,需要先使用挖掘机将集料挖开,减小拖拽阻力,再使用清障车进行近距离拖拽,避免因钢丝绳角度过大导致拖拽方向上的分力变小,如图7-48所示。对于质量过大且载货量大的车辆,可将车载货物清出后再进行拖拽。

a)挖掘机清理集料

b)清障车近距离拖拽

图7-48 清障车和挖掘机配合施救过程

对于转向系统损坏、车体方向不正的车辆或当车辆受损较大(如前轴损坏)时,还需要使用挖掘机拖动事故车辆的车头配合导向,如图7-49所示。

（3）起重机(吊车)施救。

对于发生侧翻、解体、冲出避险车道等情况的事故车辆,清障车的功能无法满足救援需要,同时为避免对道路设施造成更大破坏,则应采用吊车吊运的方法来进行车辆移除。吊车施救的一般步骤为:①根据车辆情况进行卸载、分离等工作;②按照吊车安全操作要求捆绑、吊挂事故车辆;③将事故车辆移至指定位置。图7-50为避险车道事故吊车施救过程。由于吊车吊臂较短,需要较为平整、开阔的操作空间,利于吊车支腿的固定,故对避险车道场地要求较高,如救援车道设有宽度较宽、无斜坡的施救平台。

图7-49 挖掘机拖动事故车头配合导向

图7-50 吊车施救过程

（4）地锚、牵引车、滑轮组配合施救。

避险车道旁通常都设有地锚，地锚一般以混凝土为基础，深埋进土中，地面部分仅露出小段钢柱或钢环，可以承受较大的拉力，主要用于施救时固定线缆、车辆，如图7-51所示。使用地锚施救时，需要牵引车、定滑轮组、动滑轮组、卡具等设备进行配合，施救方法如图7-52所示。这类方法程序复杂、操作难度较大，需要场地较大，但对设备要求较低，适用于没有大型清障车的路段。

图7-51 地锚

图7-52 采用地锚施救示意图

根据对实际事故的现场调研可知，大型清障车具有多种功能，可大大减少救援时间，因此配备相应的清障车对于事故救援非常有利。

7.8 避险车道养护

避险车道的养护工作非常有必要,有效的养护可以保证制动坡床集料干净、松散、平整,排水畅通,交通安全设施工作正常,使避险车道时刻处于正常工作状态,以为制动失效车辆提供一个安全减速的场所提供条件。避险车道养护主要分为集料养护及其他设施养护两个方面。

(1)集料养护。

①在避险车道每次被使用,制动失效车辆被救援拖出后,应对集料进行翻松和平整。同时应定期对集料进行翻松,根据具体情况确定翻松时间间隔,以每年不少于2次为宜。每次翻松深度不应小于60cm。集料翻松尽量选择机械设备进行,减少人工翻松,这样在提高工作效率的同时也降低了安全风险。翻松机械可选择挖掘机或装载机,如图7-53所示。

图7-53 制动坡床集料翻松方式

②避险车道每次使用后应及时清理污染物,有水泥、化工等材料散落时应将被污染的集料及时更换,防止集料板结。

③冬季应防止制动坡床集料冻结,降雪后应及时清扫引道和制动坡床上的积雪,保证避险车道轮廓清晰可见,使驾驶员能够准确判断避险车道方位;如果表面形成冰冻硬壳,应该采取相应措施予以清除。

④有条件的,可以记录避险车道每一次使用时车辆的驶入距离。当平均的驶入距离开始

增加时,可以考虑增加新集料或彻底更换集料,以使制动坡床满足使用要求。

（2）其他设施养护。

①应注意避险车道的排水设施是否能正常使用,定期对其进行维护,疏通被破坏或阻塞的排水设施,保证排水通畅。

②应对避险车道内标志、标线、监控及照明等设施定期巡查,对于有破损或丢失的应及时维修或更换,以保证各项设施能正常使用,为制动失效车辆顺利驶入及救援提供保障。

第8章 长大纵坡事故易发路段安全保障措施应用案例

8.1 概述

基于我国地理条件和交通发展特点,高速公路长大纵坡事故易发路段相对较多,通过总结相关工程应用经验和实施效果,发现依据工程特点合理应用交通管理措施和工程技术措施后,可以很好地改善长大纵坡事故易发路段交通安全状况,已经取得较为显著成效。下面以京台高速公路济南长清段长大纵坡事故易发路段为例,详细介绍工程背景、事故原因、工程措施、效果评价及建立的 BIM 可视化模型。

8.2 典型案例

8.2.1 工程背景

京台高速公路是交通运输部规划的"五纵七横"国道主干线的重要组成部分,其中济南长清段(K416.8~K456.8)是京台高速公路在山东境内南段的一部分,是山东公路网主框架之"一纵"的一段,起自济南市西北,终于济南与泰安交界,路线全长 40.585km,采用双向六车道高速公路标准建设,设计速度 120km/h。该路段在由南往北方向 K435~K431 位置存在一处长 3.44km、平均纵坡为 2.93% 的连续下坡且弯道较多的事故易发路段,如图 8-1 所示。自 1999 年 10 月通车以后,由于交通量较大、货车超载比例较高、运行车速较快及驾驶员安全意识淡薄等原因,该路段交通事故时有发生。

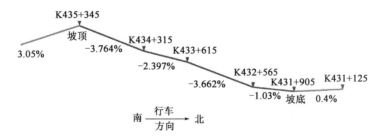

图 8-1 京台高速公路济南长清段长大纵坡事故易发路段坡度示意图

事故案例:2010 年 5 月 24 日晚,一辆轻型货车沿京台高速公路由南向北方向行驶至 K433+800 处时,撞在右侧护栏上翻车。高速公路附近群众及养护工人清理货物、修理车辆时,一辆半挂车顺向行驶至此,由于处在长下坡路段,驾驶员来不及制动,将轻型货车及现场群众撞至公路右侧沟内,造成8人死亡,2人受伤,如图8-2所示。

图8-2 京台高速公路济南长清段事故案例

山东省高速公路建设管理部门对此高度重视,积极行动,投入大量人力、物力及财力,开展了专项研究与整治工作。

8.2.2 事故原因

通过统计京台高速公路济南长清段长大纵坡事故易发路段的事故数据,运用累计频率法对该路段的事故多发点进行了科学鉴别,并得到事故多发原因,具体如下:

(1)事故多发单元1(K431+200~K431+399)、单元2(K431+300~K431+399)在纵断面上处于纵坡0.4%的纵坡收尾段,在平面上处于半径3000m的曲线段,车辆行驶至此时正好达到下坡时的最大速度,但却又不得不在该弯道转弯,故车辆在此易发生事故。

(2)事故多发单元3(K432+600~K432+699)、单元4(K432+900~K432+999)、单元5(K433+100~K433+199)处于纵坡-3.662%的纵坡段,坡度较大,驾驶员在经过了紧张的大纵坡下坡后麻痹大意的心理以及对曲线转弯认识的不足是此段事故频发的主要诱因之一。

(3)事故多发单元6(K435+100~K435+199)处于下坡路段的起点段,同时是纵坡坡度最大(-3.764%)的路段,车辆由3.05%纵坡段爬升,速度逐渐降低,但由于加速度较大,到达坡顶进入-3.764%的纵坡段时,驾驶员反应不及时以较大加速度下坡,使车辆相邻路段的运行速度差较大,运行速度协调性不良,易发生事故。

8.2.3 工程措施

根据京台高速公路济南长清段长大纵坡事故易发路段的原因分析情况,了解到事故多发的主要原因是道路线形和超速。据此,在实际工程中合理采取了系列化的处置措施,涉及照明设施、护栏、标志、标线、防眩设施、轮廓标、管理与服务措施等,及时实施了交通安全改善工程,优化了公路运行安全状况,提高了行车安全水平。

8.2.3.1 照明设施设置

通过调研该路段事故时间分布,发现43.52%的交通事故发生在夜间,说明公路照明诱导条件差是导致夜间事故的一个重要原因。为此,在 K436~K431 路段每隔 35m 安装 1 处 LED 灯,光源距路面高 11m,总均匀度 0.4,单侧布置。当路灯放置在路堤边坡时,灯杆距道路外边线 0.75m,路灯灯臂长度为 1.8m,灯具仰角为 15°;当路灯放置在路堑段时,灯基础放置在排水沟外侧,路灯灯臂长度为 2.5m,灯具仰角为 15°。图 8-3 为照明设施使用效果。

图 8-3　照明设施使用效果

8.2.3.2　护栏设置

护栏设置的目的是对碰撞护栏的车辆进行有效的阻挡、缓冲和导向,最大限度地减少乘员伤亡。该路段需根据规范要求和设置原则设置护栏。由表 8-1,可知,该路段(设计速度 120km/h)护栏防护等级应为 SB 级,但由于车速普遍过快,事故频发,因此需要对护栏设置进行优化。

路基护栏防护等级的适用条件　　　　表 8-1

公路等级	设计速度 (km/h)	车辆驶出桥外有可能造成的交通事故等级		
		一般事故或重大事故	单车特大事故或二次重大事故	二次特大事故
高速公路	120	A、Am	SB、SBm	SS
	100、80			SA、SAm
一级公路	60		A、Am	SB、SBm
二级公路	80、60	B	A	SB
三级公路	40、30		B	A
四级公路	20			

根据公式 $E = \frac{1}{2}m(v\sin\alpha)^2$ [E 为碰撞能量,kJ;m 为车辆总质量,kg;v 为碰撞速度,km/h;α 为碰撞角度,(°)]计算得到车辆的碰撞能量,护栏防护的碰撞能量应大于 85% 位碰撞能量,优化后护栏设置如下。

(1)路侧:在 K430+810~K432+960 路段路侧设置 SS 级波形梁护栏,如图 8-4a)所示;在 K433+299.4~K434+715 路段路侧设置 SB 级波形梁护栏,如图 8-4b)所示。

(2)中央分隔带:设置 SB 级波形梁护栏,起终点桩号不变,仅对原设计护栏设置进行完善,如图 8-5 所示。

a) SS级波形梁护栏

b) SB级波形梁护栏

图 8-4　路侧护栏设置效果

图 8-5　中央分隔带护栏设置效果

8.2.3.3　标志设置

长大纵坡事故易发路段标志设置在符合现行相关设计规范规定的基础上，还应重点体现在路况信息提示、安全设施设置情况、引导驾驶员低速行驶、合理使用安全设施等方面。目前京台高速公路济南长清段长大纵坡事故易发路段的标志设置情况如下。

(1) 下坡起始段。

在下坡开始之前,应告知驾驶员前方的公路情况,使驾驶员做好心理准备及规范驾驶行为。为此,该路段在坡顶上游 2km 范围内设置了下坡路段预告标志和警告标志,具体为:在 K437+300、K436+300、K435+800 处分别设置了预告标志,标志中注明前方 2km、1km、500m 为事故易发路段,且严禁变更车道,如图 8-6a)~图 8-6c)所示;在 K435+500 处设置了警告标志,标志中注明前方连续下坡坡长 3.5km,且严禁空挡滑行,如图 8-6d)所示。

a)K437+300

b)K436+300

c)K435+800

d)K435+500

图 8-6 下坡起始段预告和警告标志

(2) 下坡中间段。

在下坡开始之后,该路段采用多种标志类型协同设置的方式,规范驾驶行为及降低驾驶员恐慌感,所涉及的标志类型包括分车道标志、警告标志、告示标志、指示标志及线形诱导标,具体如下:

①分车道标志。

在下坡中间段 K435+300、K433+500 处分别设置了门架式分车道标志,告知驾驶员不同车道的可驶入车型和最高限速,如图 8-7 所示。

a)K435+300

b)K435+500

图 8-7 下坡中间段分车道标志

② 警告标志。

在下坡中间段 K435+000、K434+850、K434+750、K434+000、K433+000、K432+850 设置多块下坡警告标志，标志中注明连续下坡剩余距离和严禁空挡滑行、下坡路段减速慢行、下坡弯道谨慎慢行、严谨超速注意安全等信息，警示驾驶员注意车辆仍处于下坡路段，注意控制车速和规范驾驶行为，如图 8-8 所示。

图 8-8　下坡中间段警告标志

③ 告示标志。

在下坡中间段 K433+750 和 K432+500 设置两块下坡告示标志，标志中注明"安全与遵章同在　事故与违章相随""文明行路路畅通　平安回家家温馨"的信息，告知驾驶员下坡路段遵章规范驾驶，如图 8-9 所示。

图 8-9　下坡中间段告示标志

④指示标志。

设置违法取证提示标志附着于 K435+300 处的门架立柱上,提示驾驶员前方有交通违法录像取证设备,谨慎驾驶,从而更好地规范驾驶行为,如图 8-10 所示。

图 8-10　下坡中间段违法取证提示标志

⑤线形诱导标。

在 K433+300～K431+050 的路侧设置线形诱导标,设置间距 32m,共设置 71 块,可以更好地指导驾驶员在下坡弯道位置的行驶方向,如图 8-11 所示。

图 8-11　下坡中间段线形诱导标

(3)下坡终止段。

①提示标志。

在下坡即将结束前应对下坡结束进行预告,在 K431+050 处设置提示标志,告知驾驶员已驶出事故易发路段,如图 8-12 所示。

图 8-12　告示标志和限制速度标志

②解除限制速度标志。

由于下坡事故易发路段对限速有着更为严格的规定,区别于一般路段限速,需要在下坡结束位置对限速进行调整。在 K431+050 处设置限速值为 120km/h 的限制速度标志,设置在 K431+050 处的提示标志立柱上,用以解除下坡事故易发路段的限速,如图 8-12 所示。

8.2.3.4 标线设置

针对京台高速公路济南长清段车速快且车流量大的特点,在事故易发路段采用分车型、分车道限速,并禁止随意变更车道,且采用效果更加明显的振动减速标线提醒驾驶员减速。目前京台高速公路济南长清段长大纵坡事故易发路段的标线设置情况如下:

(1)禁止跨越同向车行道分界线。

长大纵坡事故易发路段内,为了禁止车辆随意变更车道,防止干扰正常车辆通行,在 K435+200~K431+050 范围内设置了禁止跨越同向车行道分界线,车行道分界线采用热熔反光涂料,颜色为白色,宽度为 15cm,如图 8-13 所示。

图 8-13　禁止跨越同向车行道分界线

(2)速度和车型限制标记。

长大纵坡事故易发路段内,为了提醒驾驶员按照规定的限速和车道有序行驶,在 K435+260~K431+900 范围内共施划 6 处速度和车型限制标记,每处限制标记的内容为,内侧车道施划"小型车 100"、中间车道施划"行车道 90"、外侧车道施划"大型车 70",均采用黄色热熔反光涂料,如图 8-14 所示。

(3)解除速度和车型限制标记

驶离长大纵坡事故易发路段后,需要及时恢复标准限速和车型要求。该路段在 K431+050 处的所有行车道内均施划"行车道 120"的限速标记,且与限速值 120 的限速标志配合使用,用以解除长大纵坡事故易发路段的速度和车型限制,采用黄色热熔反光涂料,如图 8-15 所示。

图 8-14　速度和车型限制标记

图 8-15　解除速度和车型限制标记

(4)振动减速标线。

为了加强对大型客车、货车的减速和警示效果,在 K435+200～K431+900 之间共设置 56 组振动减速标线,每组减速标线宽 15m,由 8 道宽 1m、间隔 1m 的双组分红色抗滑型涂料组成,厚度为 7mm,如图 8-16 所示。

图 8-16　振动减速标线

8.2.3.5 防眩设施设置

为了减少夜间行车时对向车辆前照灯眩目的影响,将京台高速公路济南长清段 K431+300~K431+550 中央分隔带防眩设施采用防眩板取代之前的植物防眩。防眩板支架安装在平曲线外侧的立柱上,为玻璃钢材质,板体横向为反 S 形曲面,以提高强度和遮光、流线效果,实际设置效果如图 8-17 所示。

图 8-17 防眩板设置效果

8.2.3.6 轮廓标设置

为了让驾驶员在夜间可以更清楚了解公路线形及前方路况,在京台高速公路济南长清段长大纵坡事故易发路段设置了轮廓标,包括立柱式轮廓标和附着式轮廓标两种类型,具体设置情况如下:

(1)无护栏路段采用柱式轮廓标(图 8-18),有护栏路段采用附着式轮廓标(图 8-19),主线上设置间距均为 32m。

(2)为了保证轮廓标的线形描述效果,使其反射光的强度、颜色及高度有明显的特征,以区别其他反光物,轮廓标反光膜均采用一级反光膜,路侧为白色,中央分隔带为黄色,安装高度应基本平顺。

图 8-18 设置的柱式轮廓标

a)路侧白色　　　　　　　　　　b)中央分隔带黄色

图 8-19 设置的附着式轮廓标

8.2.3.7 避险车道

对京台高速公路济南长清段长大纵坡事故易发路段避险车道设置合理性进行了分析,具体如下。

(1)驾驶行为及轮毂温度。

对该路段车辆(尤其是货车)的驾驶行为及轮毂温度进行了调研。了解到,大部分货车驾驶员在该路段控制车速的主要手段是挂中低挡,以降低踩制动踏板的频率。同时,货车轮毂温度并无明显超标,大部分货车的轮毂温度仅为50~60℃,该温度不会对制动性能造成影响。

(2)制动失效概率计算。

车辆由坡顶下坡至坡底时制动器吸收的能量为:

$$W = mg \sum S_i \rho_i \left(1 - \frac{f}{\rho_i}\right)(1 - e^{-kv}) \tag{8-1}$$

式中:S——下坡实际长度;
$\quad m$——车辆平均载重;
$\quad f$——动摩擦系数;
$\quad \rho_i$——路面纵坡坡度;
$\quad i$——第 i 个路段;
$\quad k$——系数;
$\quad v$——车速。

车辆失控概率与制动器吸收能量间的关系:

$$p(w) = \begin{cases} 0 & w \leq w_0 \\ A(w - w_0)^2 & w > w_0 \end{cases} \tag{8-2}$$

式中:$p(w)$——车辆失控的概率;
$\quad w_0$——制动器吸收能量的临界值;
$\quad A$——预测模型系数。

将京台高速公路济南长清段上行方向交通量、车辆平均载重、地点测速得到的各轴车平均运行速度代入制动失效事故概率计算模型,计算后得到京台高速公路济南长清段在当年的交通量和车速条件下,全年发生0.84次制动失效的交通事故,制动失效的概率较小。

因此,综合考虑实际情况和理论计算,从合理性角度,京台高速公路济南长清段长大纵坡事故易发路段可不设置避险车道。

8.2.3.8 管理与服务措施

根据车辆轮毂温度调查可知,京台高速公路济南长清段长大纵坡事故易发路段行驶的货车的轮毂温度绝大多数仅为50~60℃,综合考虑安全性和经济性,不设置加水站、降温池。同时,由于京台高速公路为已运营高速公路,考虑到车流量较大,新建货车检修站、超限检查站周期长,占地面积大,施工较为不便,可在服务区进行检修和超限检查,故不单独设置检修站与超限检查站。

然而,为了更好地对驾驶行为及突发状况进行监控,及时采取相应的管控救援措施,在该路段增设了全程监控系统;同时,为了更好地限制车辆运行速度,采用了区间测速管理手段,如图8-20所示。

图 8-20　监控测速系统

8.2.4　效果评价

京台高速公路济南长清段长大纵坡事故易发路段(K435—K431)从 1999 年 10 月通车至工程改造前,已累计发生重特大道路交通事故 62 起,死亡 80 人,受伤 68 人,交通事故频发且严重程度较高。而安全整治工程投付使用后,该路段的交通事故率已大幅降低,减少了人员伤亡及财产损失,有效提升了公路运营安全水平,安全改善成效明显。

8.2.5　BIM 可视化模型

当前我国公路交通事业逐步朝着可视化和信息化管理方向发展,建筑信息模型(Building Information Modeling,BIM)则是以建筑工程项目的各项相关信息数据作为模型的基础,进行建筑模型的建立,是一种采用数字手段承载、可视化手段表达的技术工具,可仿真模拟和记录构筑物所有内部和外部的信息,具有直观性、真实性、准确性的特点。

针对京台高速公路济南长清段长大纵坡事故易发路段(K435—K431),为达到可视化管理,引入 BIM 技术进行反向建模,具体步骤如下:

(1)调研。

通过资料调研、现场调查及倾斜摄影等有关技术手段,获取该路段线形参数(高程点、平面图、纵断面图、纵坡、竖曲线等)、主体结构(如道路、桥梁等)、附属设施(如护栏、标志标线、轮廓标、防眩板、声屏障、路灯、监控装置等)的信息资料,为京台高速公路长清段长大纵坡事故易发路段 BIM 建模奠定坚实基础。

(2)建立三维地形模型。

道路是与地形发生实际空间位置关系的构造物,因此三维地形模型的准确度将决定整个道路工程 BIM 模型的准确与否。建立三维地形模型,以二维 CAD 地形图和相关资料为依据,通过 PowerCivil 软件提取出地形图中的等高线及高程点,建立三维地形模型,通过控制三角网最大长度来修剪三维地形模型的边界,并且删除高程孤点(高程发生错误的高程点),得到精确的三维地形模型,供后续建模使用。与传统的二维 CAD 地形图相比,三维地形模型能更加直观地显示出整个地形地貌的空间形状。

(3)建立道路模型(图 8-21)。

根据设计资料提供的坐标及纵断面参数,提取京台高速公路济南长清段长大纵坡事故易发路段(K435—K431)的路线,通过路线建立道路模型,再从道路模型中提取线路中心线及道路边线作为定位线使用,统一基点坐标为(0,0,0)。

(4)建立附属设施及模型总装。

根据京台高速公路济南长清段长大纵坡事故易发路段(K435—K431)实际条件,建立路灯、护栏、标志、标线、防眩设施、轮廓标等模型族文件,利用单元线性分布的方式插入建好的路灯、护栏、标志、防眩设施、轮廓标等,再把制作好的标线设置在路面上,从而完成 BIM 模型的总装。图 8-22 为模型总装过程。

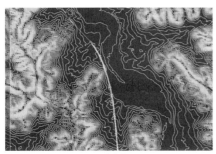
a)路线图

b)道路模型图

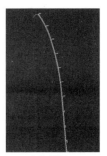
c)定位线图

图 8-21　道路模型建立

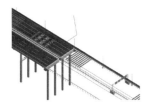

图 8-22　模型总装过程

图 8-23 为整合调整后的地形模型和行车视角整体效果,较为完整地展示了京台高速公路济南长清段长大纵坡事故易发路段(K435～K431)的道路线形条件、附属设施设置、周边环境特点等实际工况。该 BIM 模型为公路管养部门实现可视化管理奠定基础。

a)地形模型

图　8-23

b) 行车视角整体效果

图 8-23 地形模型和行车视角整体效果

参 考 文 献

[1] 交通运输部.公路工程技术标准:JTG B01—2014[S].北京:人民交通出版社股份有限公司,2014.

[2] 交通运输部.公路项目安全性评价规范:JTG B05—2015[S].北京:人民交通出版社股份有限公司,2015.

[3] 交通运输部.公路工程质量检验评定标准 第一册 土建工程:JTG F80/1—2017[S].北京:人民交通出版社股份有限公司,2017.

[4] 交通运输部.公路交通安全设施设计规范:JTG D81—2017[S].北京:人民交通出版社股份有限公司,2017.

[5] 交通运输部.公路交通安全设施设计细则:JTG/T D81—2017[S].北京:人民交通出版社股份有限公司,2017.

[6] 交通运输部.公路路线设计规范:JTG D20—2017[S].北京:人民交通出版社股份有限公司,2017.

[7] 交通运输部公路科学研究院.公路交通标志和标线设置规范:JTG D82—2009[S].北京:人民交通出版社,2009.

[8] 交通运输部公路科学研究院.道路交通标志和标线:GB 5768—2009[S].北京:中国标准出版社,2009.

[9] 交通运输部.提升公路连续长陡下坡路段安全通行能力专项行动技术指南[S].北京:人民交通出版社股份有限公司,2019.

[10] 交通部公路司.新理念公路设计指南(2005年版)[M].北京:人民交通出版社,2006.

[11] 交通部公路司.公路工程集料试验规程:JTG E42—2005[S].北京:人民交通出版社,2005.

[12] 吴京梅,何勇.公路连续长大下坡安全处置技术[M].北京:人民交通出版社,2008.

[13] 胡昌斌,赖世桂.山区公路长下坡避险车道的设置与设计[M].北京:人民交通出版社股份有限公司,2016.

[14] 郭克清,徐希娟,金宏忠,等.公路安全保障工程使用手册[M].北京:人民交通出版社,2007.

[15] 云南省公路开发投资有限责任公司.山区高速公路连续长大下坡路段交通安全设计与施工指南[R].云南省交通运输厅,2012.

[16] 李青川,李海华.山区高速公路典型危险路段安全保障措施的应用[J].广东公路交通,2013(04):30-32.

[17] 范存威.山区公路长下坡路段运营安全分析与评价[D].重庆:重庆交通大学,2012.

[18] 王俊骅,方守恩,陈雨人,等.高速公路特大交通事故预防技术研究及示范[M].上海:同济大学出版社,2011.

[19] 吴京梅.公路连续下坡路段路侧服务设施设置研究[J].公路交通科技(应用技术版),2008,4(12):30,32,36.

[20] 孙智勇,刘会学,杨峰.高速公路避险车道的安全性评价[C]//第六届交通运输领域国际学术会议,2006.

[21] 周荣贵,徐建伟,吴万阳.公路连续长下坡路段的纵断面控制指标研究[J].公路,2004(6):46-51.

[22] 何明刚,田泽垠,丁心香.浅谈山区避险车道设计与应用[C]//土木建筑学术文库(第11卷),2009.

[23] 周应新,李志厚,李忠祥,等.避险车道设计概要[J].公路,2010(05):206-211.

[24] 钱勇生,周波,程永华,等.一类减速下坡车道的机理与试验分析[J].中外公路,2007,27(4):5-8.

[25] 裴玉龙.道路交通安全[M].北京:人民交通出版社,2004.

[26] 刘兴旺,吴京梅,姜恒.避险车道设置位置判定技术[J].公路交通科技(应用技术版),2008,4(12):20-22,26.

[27] 刘立刚.重型越野车鼓式制动器的有限元分析[D].武汉:华中科技大学,2003.

[28] 黄玉健.提高避险车道功效的探讨[J].交通科技,2006(4):67-69.

[29] 袁燕,胡昌斌,沈金荣.山区公路长下坡路段载货汽车鼓式制动器温升规律数值分析[J].福州大学学报(自然科学版),2009,37(6):895-904.

[30] 牛建峰,王俊骅,董宪元.山区公路紧急避险车道驶入角研究[J].重庆交通大学学报(自然科学版),2010,29(4):604-608.

[31] 交通部公路科学研究所.公路纵坡坡度与坡长限值报告[R].2003.

[32] 郑蔚澜,白书锋,杨杰,等.公路避险车道平均阻尼系数的研究[J].公路交通科技,2005,22(10):144-146.

[33] 蒋栋.改进高等级公路纵坡设计的途径[J].公路交通科技,2003(03):50-53.

[34] 孟欣.高速公路连续纵坡路段安全性分析[J].黑龙江交通科技,2020,43(12):15,16,18.

[35] 吴京梅.山区公路避险车道的设置[J].公路,2006(7):105-109.

[36] 苏波,方守恩,王俊骅.基于大货车制动性能的山区高速公路坡度坡长限制研究[J].重庆交通大学学报(自然科学版),2009,28(2):287-289.

[37] 雷星,王剑波.山区高速公路行车安全信息与导航系统融合应用研究[J].现代信息科技,2020,4(17):123-125.

[38] 孟丽鹏.长下坡路段交通安全改善问题探讨[J].黑龙江交通科技,2020,43(09):237-238.

[39] 李学峰,柴贺军,贾学明.避险车道合理设置技术研究[J].公路交通技术,2008(S2):122-126.

[40] 王书伏,张江洪,王佐.东西高速公路避险车道设计[J].中外公路,2009,29(3):362-366.

[41] 郑景凡,莫世民.连续长大下坡安全分析与避险车道设置[J].交通标准化,2009(23):122-125.

[42] 陈礼彪,王开洋,余相贵,等.基于货车刹车毂温升模型的高速公路长纵下坡缓坡设置

[J].公路,2020,65(08):58-64.

[43] 张驰,胡涛,林宣财,等.高速公路连续长下坡路段大型货车专用缓速车道研究[J].华南理工大学学报(自然科学版),2020,48(04):104-113.

[44] 潘兵宏.避险车道入口处竖曲线半径最小值研究[J].公路,2011(06):35-38.

[45] 万远航,邵毅明,胡广雪,等.重载货车长下坡挂挡决策行驶安全仿真[J].公路交通科技,2020,37(03):130,136,144.

[46] 张姝玮,郭忠印,陈立辉.长下坡路段车辆运行速度长程相关性分析[J].综合运输,2020,42(02):78-82.

[47] 高谦,徐修婷,瓦庆标.山区公路连续长下坡路段安全保障系统研究[J].黑龙江交通科技,2020,43(02):24-25.

[48] 钟宇翔,丁建明.被动防护系统在避险车道中的应用[J].现代交通技术,2007(2):74-77.

[49] 尹珩沣,郭丛帅,张丙哲.针对高速公路连续长下坡路段事故防治技术综述[J].汽车实用技术,2019(23):235-238.

[50] 赵晓磊,张铿.高速公路长下坡交通安全预警系统设计[J].中国交通信息化,2019(09):116-121.

[51] 刘国盼,郭珊.山区高速公路连续长下坡安全评价及措施研究[J].工程建设与设计,2019(16):111-112.

[52] 李险峰.紧急避险车道监控系统在龙长高速的应用[J].中国交通信息产业,2009:92-94.

[53] AASHTO. A Policy on Geometric Design of Highways and Streets[S]. USA,2011.

[54] Witheford DK. Truck Escape Ramps:A Synthesis of Highway Practice[R]. NCHRP Synthesis of Highway Practice,1992.

[55] Wambold J C. A Field Study to Establish Truck Escape Ramp Designs[R]. Pennsylvania Transportation Institute, Pennsylvania State University, 1991.

[56] Duffy D M, Zanievski J P. Runaway Truck Ramp Testing Program[C]// Proceedings and Field Trip Guide of the 49th Highway Geology Symposium,1998.

[57] Outcalt W. Evaluation of Truck Arrester Beds in Colorado[J]. Escape Lanes,2008.

[58] Wambold J,Rivera-Ortiz L,Wang M C. Truck Escape Ramp Design Methodology, Volume 2: Final Report[J]. Engineering,1988.

[59] Metcalf D,Zaniewski J,Duffy D. Analysis of Arizona Arrestor Bed Performance[J]. Environmental Science,1992.

[60] Metcalf D. A Review of the Dragnet Vehicle Arresting System as Applied to Runaway Truck Escape Ramps,Final Report[R]. TRB,1991.

[61] Research Notes. Arizona Arrestor Bed Testing. Arrester Bed Designs Perform Well in Tests[J]. Research Notes,1993.

[62] Rogers C. Aggregate for Truck Arrester Beds[J]. Ministry of Transportation,Downsview,Ontario,Canada,2007.

[63] Beecroft G. Energy Absorption of Gravel Mounds for Truck Escape Ramps[J]. Materials and Research Section Oregon Department of Transportation Salem, Oregon 97310, 1978.

[64] 王涛. 高速公路长下坡路段智能交通安全预警与应急处置解决方案[J]. 中国公共安全, 2019(08):86-89.

[65] 官阳. 由兰海高速事故反思如何防范长下坡公路事故[J]. 汽车与安全, 2018(11):14-17.

[66] 樊永攀. 紧急避险车道的现况与发展[J]. 山东交通科技, 2014(1):85-86.

[67] 唐玉斌, 韦东玲. 高速公路长大下坡路段安全设施[J]. 建筑技术开发, 2019, 46(08):144-145.

[68] 岳雷, 姚红云, 王慧. 山区公路弯坡组合路段设计指标研究[J]. 中国矿业大学学报, 2019, 48(03):520-528.

[69] 贺玉龙, 孙小端, 刘小明, 等. 紧急避险车道在美国山区公路上的应用[J]. 交通运输工程与信息学报, 2005(3):85-91.

[70] 王彦军. 山区公路交通标志及减速振动标线的优化[D]. 西安:长安大学, 2009.

[71] 彭武雄, 许源, 董红利, 等. 减速振动标线条间间隔及重复条数的设置研究[J]. 道路交通与安全, 2007(06):39-41.

[72] 张倩, 赵兴奎, 盛路. 公路连续下坡路段减速振动标线的设置分析[J]. 公路交通科技(应用技术版), 2014, 10(07):78-81.

[73] 曹冠军. 连续长大下坡避险车道位置及技术设置探讨[J]. 城市道桥与防洪, 2014(05):17-18, 31, 6.

[74] 李光磊. 高速公路长大下坡段安保体系设置研究[D]. 西安:长安大学, 2018.

[75] 刘景乐. 麻昭高速公路长大下坡路段交通事故特征判别和安全对策[D]. 西安:长安大学, 2018.

[76] 许世勇, 杨运兴, 张咏富, 等. 基于视觉行为的长下坡路段彩色路面设置有效性研究[J]. 科学技术与工程, 2017, 17(33):349-353.

[77] 邵红勇. 基于运行速度刹车毂温度的急弯陡坡安全研究[J]. 建材与装饰, 2017(31):250-251.

[78] 夏学良. 连续长下坡路段纵坡安全性设计标准与方法[J]. 中国标准化, 2017(02):148.